共存, 성서의 눈으로 보는 다문화사회

共存 - 성서의 눈으로 보는 다문화사회

지은이 / 양재훈
펴낸이 / 김윤환
펴낸곳 / 열린출판사

1판 1쇄 펴낸 날 / 2011년 4월 10일
등록번호 / 제2-1802호
등록일자 / 1994년 8월 3일
주소 / 서울 중구 인현동2가 192-20 정암프라자 504호
전화 / (02)2275-3892   팩스(02)2277-6235

2011ⓒ열린출판사
저자와의 협의에 의해 인지는 생략합니다
잘못된 책은 바꾸어 드립니다.

ISBN 978-89-87548-95-1 03230

값 10,000원

共存,
성서의 눈으로 보는 다문화사회

양재훈 지음

열린출판사

종말로 형제들아, 무엇에든지 참되며, 무엇에든지 경건하며, 무엇에든지 옳으며, 무엇에든지 정결하며, 무엇에든지 사랑할 만하며, 무엇에든지 칭찬할 만하며, 무슨 덕이 있든지, 무슨 기림이 있든지 이것들을 생각하라.

-빌립보서 4:8-

들어가기에 앞서

언젠가부터 다문화라는 용어가 우리들의 귀에 자주 들리더니, 문득 우리 사회를 돌아보니 어느덧 수많은 외국인들이 구석구석 자리를 차지하고 우리와 함께 살아가고 있다. 옛날에는 외국 사람 보는 것이 흔치 않아서 어쩌다 길에서 보게 되면 신기한 듯 쳐다보곤 했다. 그러나 이제 우리 주변에서 그런 사람들을 보는 것이 매우 일상적인 일이 되었다. 외국인이라고 하면 구한말 시절에는 우리나라를 도와준 고마운 서양 선교사들을, 한국전쟁 시절에는 우리를 도와 목숨을 걸고 싸워준 고마운 서양 군인들을 떠올렸다. 하지만 요즘 외국인이라는 단어를 생각하면 어떤 모습이 떠오르는가?

한국 땅에서 우리와 더불어 살아가는 외국인들도 이제는 매우 다양해서 직업, 학력, 성별, 출신국가, 피부색, 연령 등 딱히 어느 한 가지 이미지로 범주화할 수 없게 되었다. 그러나 불과 십, 이십년 전까지만 해도 그렇지 않았다. 십 여 년 전 우리나라에 외국인들이 갑자기 늘어난 것은 동남아에서 온 노동자들이 기여한 바가 크다. 그들은 소위 말하는 3D 직종에서 일하면서 그늘진 곳, 한국인들이 잘 가려고 하지 않는 일들을 해주었다. 보다 근래에 들어서 외국인들이 우리 사회 안에서 부쩍 늘어난 것은 소위 말하는 동남아 출신의 며느리들이 한 몫을 한 때문이다. 그들 역시 경제적으로 어렵고 많은 노동을 해야 하는 시골, 잘나가는 한국의 아가씨들이 별로 달가워하지 않는 시골 노총각들의 아내, 전통적 한국의 가족 구조 안에서 살아온 시골 노인네들의 며느리들이 되어주었다.

어찌 보면 그들은 우리에게 고마운 존재들이고, 이제는 우리 아이들의 어머니요 며느리이며, 우리 직장의 동료이자 우리 마을에 함께 사는 우리의 이웃들이다. 그러나 과연 얼마나 많은 사람들이 그들을 그런 눈으로 바라보고 있는지 의문이다. 우리가 힘이 없고 어려운 처지에 있을 때 우리 사회에 기여했던 이들은 고마운 외국인인데, 우리가 힘이 생기고 잘살게 된 지금 우리 사회에 똑같이 기여하는 이들은 과연 고마운 존재들인가? 오늘날 많은 사람들이 다문화라는 말을 한다. 그런데 과연 우리 사회는 진정한 다문화 사회인가? 무늬만 다문화 사회는 아닌가? 우리는 모두가 법적으로, 관습적으로, 심리적으로, 문화적으로 한 사회의 동등한 구성원이 되는 다문화 사회를 만들었는가? 다문화 사회가 된다는 것이 네 것을 포기하고 내 것으로 동화되는 것으로 인식하는 것이 행여 우리 사회가 가지고 있는 다문화 사회라는 개념은 아닌가?

이 책은 다문화 사회를 살아가야 하는 우리 시대의 사회에게 더불어 살아간다는 것에 대한 가치관과 철학적 고민을 하도록 돕기 위해 만들어졌다. 이 책은 근본적인 문제 즉, 다문화 사회와 같이 더불어 살아가는 사회라는 현상 앞에서 어떠한 가치와 태도를 지향해야 하는지 성서적 관점에서 고민한다. 이 책은 현장에서 목회를 하는 목회자들과 다문화 사역을 하는 이들, 그리고 평신도들을 일차적 대상독자로 삼았다. 따라서 될 수 있는 대로 각주를 생략하였고, 딱딱하거나 학문적이기보다는 평이하고도 쉽게 읽힐 수 있는 문체로 글쓰기를 하였다.

　이 책이 세상에 나올 수 있도록 도움을 주신 분들이 있다. 열린 출판사의 김윤환 목사님, 이러한 논의가 이루어 질 수 있도록 토론의 장을 마련해준 대화문화 아카데미, 그리고 사진작가 레베카 키거, 최석운 화백 등 삽화로 실을 수 있도록 훌륭하고 의미 있는 자신들의 작품들을 기꺼이 내어주신 예술가 분들, 이러한 작품들을 통해 좋은 생각들을 나눌 수 있도록 조언해준 양선혜 화가에게 감사를 드린다. 누구나 행복한 삶을 누릴 수 있는 세상을 함께 꿈꾸면서 내게 희망과 용기를 늘 북돋워주는 협성대학교의 복음서학회 제자들은 나의 훌륭한 스승들이다. 이들에게도 감사한다. 늘 내게 힘이 되어주는 아내와 한결같은 주님의 은혜를 늘 느끼게 해주는 주은이와 한결이에게 고마운 마음을 전한다. 아무쪼록 이 책을 통해서 한국 사회와 교회 가운데 올바른 다문화 사회, 더불어 살아가는 사회를 향한 고민과 노력이 형성되기를 바란다.

2011년 봄에 봉담골에서
양재훈

■ 목차

들어가기에 앞서

1장 오늘의 초상
워터십 다운의 열한 마리 토끼 · 13
부끄러운 우리들의 초상 · 18

2장 하나님 나라 이해
예수와 하나님 나라 · 31
예수가 꿈꾸던 세상 · 47

3장 예수가 꿈꾸는 세상
담을 넘는 예수 · 61
예수의 새로운 상호용납 공동체 · 79

4장 예수의 삶
다른 길로 돌아간 예수 · 97
내려놓는 삶 · 108

5 장 초대 교회

초대 교회 이야기 · *125*
금을 넘어선 초대 교회 · *145*

6 장 바울의 편지

로마서, 용납의 편지 · *159*
고린도 교회 · *176*
빌립보 교회 · *183*

나가는 글

Vanitas, vanitatum! 내가 만든 최고의 모래성 · *197*
바벨탑과 오순절 · *201*

참고문헌 · *204*

1장 오늘의 초상

워터십 다운의 열한 마리 토끼

부끄러운 우리들의 초상

"얘야, 네가 부유한 사람들에게 전혀 봉사를 할 수 없는데, 도대체 무슨 명분으로 그들이 너의 고난을 해소해 줄 수 있다고 생각하느냐?"
"봉사라면 나리, 그거야말로 제가 원하는 것입니다."
"...내가 말하고자 하는 것은 그 뜻이 아니야.....네가 그토록 장황하게 늘어놓은 미덕이라는 것이 이 세상에서는 아무 쓸모없어. 그것을 아무리 과시해 보았댔자 헛일이고 그것으로는 물 한 잔 얻어 마시지도 못해. 우리가 가장 싫어하고 가능한 한 회피하는 일들 중의 하나인 적선금을 내는 일. 그 일을 하고 있는 나와 같은 부류의 사람들은 자기들의 주머니에서 빠져나간 금전에 대해 보상을 받고 싶어 해."

- 싸드, 『미덕의 불운』

'워터십 다운'의 열한 마리 토끼

파라다이스

    2008년도에 액션 배우 발 킬머^{맥퍼슨 역}가 주연으로 등장한 영화 『음모^{Conspiracy}』는 어느 퇴역 해병대 상이용사의 투쟁을 그리고 있다. 미국 시민권을 얻기 위해 걸프전에 참전한 멕시코 출신의 후임병 미구엘을 살려내느라 한쪽 다리를 잃게 된 맥퍼슨 병장은 퇴역한 이후에 전쟁의 후유증을 앓고 있다. 멕시코인 미구엘은 전역한 후 미국과 멕시코 국경 지대 고향인 뉴호프^{New Hope}로 돌아가 농장을 꾸리는 새로운 꿈을 꾸면서 맥퍼슨을 동업자로 불러들인다. 수차례 거절에도 불구하고 집요하게 맥퍼슨을 원히는 미구엘의 청을 거절하지 못해 결국 그는 뉴호프로 갔지만, 미구엘은 행방불명이 된 상태이고, 맥퍼슨을 바라보는 동네 사람들의 시선은 차갑기만 하다.

맥퍼슨은 결국 그 동네의 지주인 로즈로 인해 모든 문제가 벌어진 것을 알게 된다. 로즈는 다른 동네에 살다가 뉴호프로 이주해 온 사람이다.

로즈는 전쟁 무기를 팔아 파괴하여 돈을 벌고, 그 파괴된 곳에서 건축 사업을 벌여서 또 돈을 버는 악당이다. 그는 자신이 가지고 있는 재력으로 동네 사람들을 하나씩 자기 수하로 집어넣고, 결국 여주인공 조안나의 표현대로, 마을 사람들은 그의 노예가 되고 만다. 로즈는 뉴호프를 건설하면서 외국인 노동자들을 고용한다. 그러나 그는 외국인들이 미국에 들어와서 사는 것을 무척 혐오하는 사람이다. 그는 순수 혈통 미국인만이 사는 마을을 천국, "파라다이스"라고 부르면서 그 파라다이스를 건설하는 꿈을 이루어가고 있는 중이다.

맥퍼슨은 멕시코 출신의 자기의 친구 미구엘이 그에게서 죽임을 당한 것을 알고, 이 마을을 다시 되찾기 위해 싸움을 하며, 결국 로즈와의 대전투에서 승리를 거둔다.

워터십 다운의 열한 마리 토끼

　미구엘이 살아생전에 미국인이 되기 위해서 열심히 영어 공부를 할 때 자습 교재로 썼던 책이 워터십 다운$^{\text{Watership Down}}$이라는 책인데, 이 책이 이 영화 가운데 나오는 것은 참으로 의미심장하다. 이 책은 맥퍼슨이 뉴호프에서 절도죄 혐의를 받고 로즈에 맞서 본격적인 전쟁을 치르게 되는 발단이 된 책이기도 하다. 워터십 다운은 1972년에 영국 작가 리처드 애덤스$^{\text{Richard Adams}}$가 쓴 판타지 동화이다. 이 책은 열한 마리의 토끼들이 새로운 개척지를 찾아서 정착하는 과정 가운데 독재자 토끼 운드워트를 물리치고 새로운 세상을 건설하게 되는 이야기로서, 영화 『음모』와 알레고리적으로 평행을 이루는 책이다. 워터십 다운의 토끼들

『워터십 다운의 열한 마리 토끼들』을 바탕으로 제작한 만화영화

의 세계는 맥퍼슨이 싸워야 하는 세상과 다를 바가 없다.
　악당 로즈가 되었던 이에 맞서 싸우는 맥퍼슨이 되었든, 혹은 독재자 토끼 운드워트가 되었든, 이에 맞서 싸우는 토끼 헤이즐이 되었든, 이들은 모두 이상적인 공동체를 건설하려고 한다. 그

러나 로즈가 꿈꾸는 파라다이스와 운드워트가 꿈꾸는 마을 에프라파는 맥퍼슨과 헤이즐이 꿈꾸는 마을 워터십 다운과 다르다. 이들은 모두 새로운 꿈$^{New\ Hope}$이 구현되는 유토피아를 건설한다. 문제는 그들이 꿈꾸는 파라다이스라는 것이 어떠한 가치관을 지향하는 마을인가라는 질문에 있어서 각각 그 답이 서로 충돌을 일으킨다는 것이다.

 로즈가 꿈꾸는 파라다이스는 순수 미국 혈통만이 거주하는 곳이다. 이방인이 있다면 그것은 그 파라다이스를 건설하기 위해 노동력을 제공하다가 일이 완성되면 나가줘야 하는 소모품이거나, 혹은 맥퍼슨이나 미구엘처럼 그 파라다이스를 건설하는데 방해가 되어서 결국 제거해내야 하는 거추장스러운 걸림돌에 지나지 않는다. 그러나 맥퍼슨이 꿈꾸는 파라다이스는 피부색이 다르고 사용하는 언어가 다르다는 이유로 소모품이나 걸림돌 취급을 받지 않는, 모두가 평화롭게 서로 억압하지 않는 어울림의 공동체, 더불어 살아가는 공동체이다. 로즈가 말하는 파라다이스는 맥퍼슨에게 있어서는 참된 파라다이스가 아니며, 따라서 가짜 파라다이스는 없애야 한다. 맥퍼슨이 꿈꾸는 파라다이스는 미구엘이 열심히 영어를 공부해서 미국인이 되는 뉴호프 공동체 즉, 동화되는 공동체가 아니라,1) 그저 있는 모습 그대로, 서로 다름을 다름 그 자체로 용납해주면서 함께 어울릴 수 있는 뉴호프이다.

 우리가 살아가는 세상은 누구나 오늘보다 내일이 더 낫기를 꿈꾸면서 새로운 희망$^{New\ Hope}$을 기대하는 사람들이 살아가는 세상이다. 그런데 우리가 그토록 꿈꾸는 뉴 호프 파라다이스는 어떤 모습일까? 우리가 바라는 그 세상의 모습과 오늘 우리가 발을 딛고 서 있는 이 세상의 모습은 얼마나 비슷하고 또 얼마나 다를까? 만일 다르다면 그 이유는 무엇 때문일까? 무엇이 이러한 두 세상 사이의 괴리를 만들었을까? 그리고 그 파라다이스를 위해 우리는 무엇을 지불해야 할까?

부끄러운 우리들의 초상

부끄러운 자화상

지금으로부터 대략 20여 년 전의 일이다. 부끄러운 고백을 하기에 앞서 궁색하게 깔아놓는 앞자락 변명일 수도 있겠지만, 그 때만 해도 나는 아직 철없는 새내기 대학생이었고, 인격적 성숙도도 덜 무르익었으며, 세상에 대해 그리 많이 알지도 못했던 시절이었다. 내 대학 동기생들과 함께 밥을 먹다가 우연히 국제결혼에 대한 이야기가 나왔다. 우리들 가운데 한 사람의 지인이 국제결혼을 생각하고 있어서 그런 화제가 나왔던 것 같다.

그때 나는 지금 생각하면 몸 둘 바를 모를 정도로 부끄러운 말을 생각 없이 내 뱉었는데, 그것은 외국인과 결혼하면 그 2세 가운데는 "바보"가 태어날 수도 있다는 말이었다(아마 독자들 가운데도 내 경험에 공감하는 분이 있으리라). 나도 그런 말을 어려서부터 여기저기에서 아무렇게나 주워들었고, 따라서 그 말이 근거가 있는 것은 아니었다. 그래서였는지, 그때 나는 아무 "개념 없이" 그런 말을 툭 내 던지고 말았던 것이다. 지금 생각하면 참으로 부끄러운 언행이었고, 지금 이 고백은 지난 20년간 내 맘속에서 혼자만의 수치로 남아 끊임없이 나를 자성하게 만들었던 이 실수를 처음으로 고해하는 것이다.

그러나 20년이 지난 지금 나의 세계관은 그때와 많이 바뀌어 있고, 그만큼 내 현실도 바뀌어 있다. 그동안 나는 외국에서 7년 정도의 나그네 생활을 했었고, 이민을 간 나의 부모님과 나의 두 누이가 외국에서 이방인으로서 그 사회에 섞여서 살고 있으며, 내 누이동생의 남편은 외국인이고 이제 태어날 조카는 내가 한때 "바보"라고 철없이 근거 없이 떠들어대던, 그리고 과거 우리 사회가 소위 "트기"라고 차별하며 놀려대던 바로 그러한 아이이다.

세상이 참 많이 변하지 않았는가! 인종에 대한 차별이 너무나 당연하고도 자연스럽게 이루어지던 우리 사회가 이러한 행동들에 대해 반성적 사고를 하기 시작했다는 것이 참 놀랍다. 이방인이라는 존재를, 특히 그 이방인 사이에서 태어난 사람을 "트기"라고 얕잡아보면서 나와는 다른 낯선 존재, 혹은 보다 더 적나라한 표현을 빌리자면, 나와는 생김새가 다른 "동물"로 그들을 바라보는 기분 나쁜 곁눈질이 우리 사회의 보편적 분위기였던 그 시절에 비하면 지금 한국사회는 상전벽해^{桑田碧海}의 격세지감^{隔世之感}을 느끼게 하고 있다.

영역 다툼

지금 한국 사회는 바야흐로 다문화 사회로 접어들었다. 한국인이 아닌 사람을2) 길거리에서 마주치는 것은 그리 생소한 일이 아니고, 장을 보기위해 마트를 가면 그런 사람들은 - 그들은 한국말도 아주 잘 한다 - 이미 우리 동네 아주머니 아저씨로서 함께 먹고 살아가고 있다. 시골로 내려가면 동남아시아에서 온 여성들이 한국 남성과 가정을 이루어 2세를 낳고 살아가는 모습을 적잖이 볼 수도 있다. 이제 우리나라는 아시아 지역에서는 최초로 한국에 일정 기간 거주하는 외국인에게 지방자치단체의 선거에 있어서 선거권을 부여하고 있으며,3) 심지어 최근 들어서는 이주민을 비롯한 외국인들이 공무원의 직을 제한적으로나마 맡을 수 있도록 법이 제정되었고4) 전주시나 경기도, 인천시 등에서는 실제로 이런 일들을 추진하고 있는데,5) 이것은 한국 사회가 이전에 비해 "이방인"들을 더 이상 이방인이 아닌 나와 같은 내 이웃으로 받아들이고자 하는 노력을 하고 있다는 것을 잘 보여준다.

그러나 수 천 년 동안 백의민족, 단일민족이라는 이상한 자긍심의 깊은 뿌리는 오늘날에도 여전히 남아있어서 적지 않은 사람들의 무의식 속에 앞으로도 우리는 계속 단일민족이어야 한다는 강박관념으로 우리를 밀어붙이고 있고, "잡종은 악하고 순종은 선하다"는 나치적인 배타의식으로 인해 한국에 거주하는 외국인을 – 특히 동남아시아 출신이나 흑인들 – 잠재적 범죄자로 경계하는 긴장감을 갖고 살도록 했다. 이러한 적대감은 원시 부족사회에서 우리와 너희 사이의 선을 생명선으로 그어놓는 부족 간의 생존경쟁 즉, 제한된 먹잇감을 두고 너를 죽이지 않으면 내가 죽는다는 경쟁적인 삶의 투쟁에서 비롯된 이기적 부족 공동체 동맹의 흔적이기도 하다. 오늘날에는 이 생존의 문제가 "사냥감"에서 "일자리"로 그 가면을 바꿔 썼을 뿐 여전히 남아 있기 때문에, "저 외국인들 때문에 내가 직장을 잃는다."는 피해의식이 잠재적으로 우리들 가운데 자리 잡고 있다.6) 그리고 적대적 관계의 부족을 멸절하는(하렘) 미개한 방법을 차마 사용할 수 없는 오늘날 "문명" 사회에서 사람들은 법이라고 하는 알량한 무기를 빌어서 이방인에 대한 그 막연한 분노나 피해의식을 합법적으로 해소하면서 동시에 내 사냥 영역도 교양 있게 사수하고 있는 것이다.

삶의 아노미

이렇게 볼 때, 유교적 혈통과 가문을 중시하는 전통에 큰 영향을 받아왔던 한국 사회가 최근 십 수 년 만에 이렇게 파격적인 제도적 변화를 가져온 것은 기적과도 같다. 지금 한국의 사회를 보면 이방인에 대해서는 사회적 공감대나 사회 구성원들의 보편적 인식과 태도보다 도리어 법적 제도가 개방적으로 앞서가는 기이한 현상을 보이고 있다. 2008년 9월 시행이 대통령령으로 시작된 『다문화가족 지원법』의 내용을 보면 제도적 차원에서는 다문화 사회에 대한 제도적 장치를 잘 준비하고 있음을 알 수 있다. 이에 못지않게 이러한 사회적 현실도 가벼이 넘길 수 없을 정도로 우리 눈앞에서 벌어지고 있다. 2009년 9월 말 기준으로 현재 한국인과 결혼하여 한국에 거주하는 비한국인은 14만 명에 육박한 상태이다.[7] 통계청의 통계에 의하면, 1997년에 우리나라 사람이 결혼한 건수 중에서 국제결혼이 차지하는 비율이 3.2%였는데, 2007년의 경우 11.1%로서 2004년 이래로 계속해서 11%대 이상을 차지하고 있어서 10쌍 중에 1쌍 이상이 국제결혼을 하는 것으로 나타난다.[8]

그러나 이러한 제도적 장치와 통계적 현실에 비해서 한국 사회의 의식 수준은 어떠한지 의문이다. 단일민족에 대한 편집증적인 강박관념, 특히 이러한 문제에 대한 세대 간의 인식차이에서 빚어지는 문화적 충격과 이로 인한 대화 소통의 부재, 그럼에도 불구하고 저 출산과 농촌지역의 결혼 적령기 청년의 배우자 부족 문제와 소위 말하는 "신부 수입" 현상으로 인해 증가되는 혼혈 2세의 증가, 그리고 외국인 부모와 혼혈 2세 사이의 언어적 문화적 소통의 난관으로 인해 빚어지는 여러 문제 등의 현실이 매우 복잡하게 얽혀 있어서, 한국 사회는 생각과 현실이 따로 돌아가는 삶의 아노미 가운데 있다. 즉, 마음으로는 아직 이방인들을 나의 이웃으로 받아들일 준비가 되어있지 않음에도 불구하고 현실적으로는 그것을 받아들여야 하고 또한 받아들이고 있는 어정쩡한 현실 가운데서 이러지도 저러지도 못하는 우스운 꼴을 한 사회가 되었다는 것이다. 특히 이러한 이상과 현실의 괴리는 시골에서 더 심한데, 시골은 일반적으로 전통적인 씨족 중심적 사회 구조를 띠고 있어서 이런 문제에 대해서 상당히 폐쇄적이지만 현실적으로는 이런 문제를 가장 많이 겪고 있기 때문이다.

이상과 현실

불행은 이상과 현실, 이론과 실제의 괴리에서 빚어진다. 마음은 준비가 되지 않았는데 현실에서 이미 일이 벌어지고 있다면, 마음은 원치 않는데 현실적으로는 어쩔 수 없이 그것을 해야만 한다면 그것은 불행의 시작이다. 지금 우리나라에서 벌어지고 있는 다문화 사회로의 이전에서도 삐걱거리는 잡음이 들린다는 것은 아직 이 문제에 대해서 사회 구성원 간에 거시적 차원의 – 설령 온전한 일치, 합의가 아니더라도 – 합의가 이루어지지 않았다는 것이며, 그렇다면 이 문제로 인해서 사회 구성원 가운데 어느 편이 되었든지 한쪽 편이 손해를 보고 있다는 말이 된다. 다문화 사회로의 이전 현상에 대해 이를 거부하는 측이나 찬성하는 측이나 모두 각각 자신이 생각하는 이상적 사회의 모습을 고수하기 위해 어쩔 수 없이 서로를 비난하고 서로에게 희생을 요구하고 서로의 길을 막아서기 위해서 싸움을 하기 마련이다.

외국인 근로자가 저지른 사회적 범죄 행위에 대해 다문화 사회를 반대하는 측에서는 이를 빌미로 내세워 외국인 추방을 주장하고 외국인 근로자의 편에 서는 단체를 이적(利敵) 단체로 규정하면서 공격한다. 그러나 다른 한편의 현실 속에서 중소기업 사장님들은 뉴호프(New Hope) 마을에서 로즈가 하던 방식대로 값싼 노동력을 통해 최대한 이윤을 남기기 위해 - 이것은 문명인이라 자처하는 우리들의 바리새적인 점잖은 표현일 뿐, 사실대로

미국 국무부가 2007년 6월에 발행한 *Trafficking in Persons Report*(인신매매 보고서)에 실린 한국의 동남아 신부수입에 대한 보고서의 자료사진(www.state.gov)

말하자면 자기의 욕심을 돼지처럼 최대한 챙기기 위해 - 그들을 데려온다. 이 또한 이상과 현실의 괴리가 아니겠는가? 외국인이 우리 사회에 들어와서 함께 산다는 것에 대해 마음으로는 내키지 않지만 어쩔 수 없는 현실 때문이라고 자조적 체념적

태도를 취한다면, "신부 수입"이나 "노동력 수입"이나 다를 바가 무엇인가? 사랑하지도 않는 여인을 단지 노총각 신세를 면하거나 "씨받이" 용으로 쓰기 위해서 값싼 소개료를 지불하고 "수입"한다면, 그것은 국산 부품이 너무 비싸니 값싼 동남아 부품을 "수입"하듯 외국인 노동자들을 "수입"하는 것이나 다를 바 없다. 사랑이 없는 결혼이라면 그 "수입신부"는 아리따운 아가씨 신부가 아니라 그저 국산 "대용품"일 뿐이며, 참된 직장 동료 의식이 없는 외국인 노동자라면 그 "수입일꾼"은 나의 사랑하는 직장 식구가 아니라 그저 "대용부품"에 지나지 않는다.

작금에 벌어지는 이 현실과 이론 사이의 괴리의 고통에 있어서는 외국 이주민, 우리 땅에 나그네 된 자들, 혹은 우리 땅에 정착하여 우리의 이웃이 된 자들에 대한 인식의 접근이 가장 근본적인 문제의 시발점이 된다. 즉, 그들을 무엇으로 바라보는가라는 것이 가장 기본적이고도 중요한 질문이다. 따라서 가장 근본적인 질문에 대한 반성적 고찰을 하고, 그 결과에 따라 이상을 고치든 현실을 고치든 둘 중 하나를 고쳐서 이상과 현실, 이론과 실제가 합일을 이루도록 해야만 비로소 그곳에 그늘이 사라지게 된다. 내키지 않지만 어쩔 수 없는 현실에 수긍하여 마음을 현실에 억지로 맞추는 것은 사랑하지도 않는 사람과 어쩔 수 없이 평생토록 죽지 못해 살아가는 불행한 꼴 밖에 되지 않으며, 이것은 결코 바람직하지 않다. 우리의 태도를 고치든 우리의 현실을 고치든 둘 중 하나를 고쳐서 둘의 일치를 이루려 한다면, 올바른 것을 고쳐서 잘못된 것에 맞추기 보다는 기왕이면 잘못된 것을 고쳐서 올바른 것에 맞추어야하지 않겠는가?

한국 사회는 이미 사회적 현상으로서는 다문화의 모습을 드러내고 있지만, 그에 대한 인식에 있어서 사람들의 마음의 준비가 덜 된, 그래서 이상이 있고 그 이상에 따라서 현실이 구현되는 것이 아니라 현실이 이미 벌어진 상태에서 그것을 마음이 인정하고 받아들이는 문제로 티격태격 해야 하는 사회이다. 이렇게 앞뒤가 바뀐 것이 오늘날 우리 한국의 다문화 사회라는 현주소이다. 이러한 현실 속에서 우리는 성서적 관점에서 근본적인 가치관의 문제를 놓고 성찰을 할 필요가 있다. 이미 많은 학자들이 한국의 다문화 사회화 문제를 보면서 나름대로 이야기를 꺼내고, 어떤 이들은 현장에서 직접 몸으로 부대끼며 수고하는 모습을 보인다. 이러한 노력들과 고민들은 참으로 다행스럽고도 고맙기 그지없는 바람직한 것이고, 이들의 수고 덕분이 한국이 건강한 다문화 사회로 제 모습을 머지않아 갖추게 될 것으로 보인다.

그러나 이에 앞서서 보다 근본적인 태도와 가치관의 문제에 대한 고민도 중요하다. 이러한 고민의 작업을 과학에 빗대어 말하면, 어떻게 상품을 만들어 낼 것인가 등과 같은 구체적 기술 과학이 아니라 그 응용과학의 근본이 되는 물리학이나 화학, 생물학에 비할 수 있을 것 같다. 다문화 사회, 함께 살아가야만 하는 사회적 현실 가운데 살아가는 우리는 어떠한 태도와 가치관, 철학을 가져야 할 것인가에 대한 고민을 진지하게 해야 할 필요가 있다.

2장 하나님 나라 이해

예수와 하나님 나라
예수가 꿈꾸던 세상

"거트루드, 샐쭉한 깜둥이보다 더 마음을 산란하게 하는 건 없어. 입을 여기까지 쑥 내밀고 말이야. 부엌에 그런 깜둥이 하나 두었다가는 하루를 망치고 말거든. 거트루드, 우리 집 소피에게 내가 뭐랬는지 알아? 이렇게 말했지. '소피, 오늘은 전혀 기독교를 믿는 사람 같지 않구나. 예수님은 한 번도 투덜거리거나 불평하면서 돌아다닌 적이 없으셨어.' 그랬더니 효과가 있더라고. 마룻바닥에서 눈을 떼더니. '메리웨더 마님, 예수님은 한 번도 그런 적이 없지요. 불평하신 적이 없고 말구요.' 하고 말하더군. 거트루드, 주님을 증거 할 기회를 결코 놓쳐선 안 돼."

- 하퍼 리, 『앵무새 죽이기』

예수와 하나님 나라

빌리지와 하나님 나라

필리핀의 수도 마닐라에 가면 빌리지^{village}라는 것들이 있다. 대학생 시절, 아는 한인분의 집을 찾아갔을 때 나는 생전 처음 빌리지라는 것을 보았는데, 그 첫인상은 마치 군부대 입구를 들어서는 것 같은 느낌이었다. 빌리지는 보통 잘사는 사람들이 따로 모여 사는 곳인데, 빌리지는 담장으로 둘러싸여있고 그 안으로 들어가려면 반드시 정문의 "위병소"를 통과해야 한다. 한국이야 M16같은 총을 든 사람을 구경하려면 군부대에 면회를 가야하지만, 그곳 사람들은 빌리지를 가면 된다(아! 물론 간다고 해서 다 들여보내주는 것은 아니다). 빌리지는 사람들이 모여 사는 주택 지역이다. 필리핀은 총기 소지가 허락되는 나라이고, 빈부의 격차가 크기 때문인지 치안에 있어서 다소 위험을 느낄 수 있으며, 따라서 부유한 계층의 사람들은 자기들끼리 울타리를 만들고 그 안에 고급 저택들을 짓고 살면서 아무나 드나들지 못하도록 병력을 고용하여 총을 들고 검문을 한다.

그래서 빌리지는 일종의 "그들만의 세상", "그들의 나라"이다. 빌리지 정문을 나서면 시끄러운 소음과 덜덜거리는 오토바이 택시의 매연, 길바닥에 나뒹구는 쓰레기, 북적대는 허름한 차림의 사람들로 북새통을 이루어 정신이 없다. 그러나 일단 이 "위병소"를 통과하여 "그들만의 세상"으로 들어서는 순간, 세상은 조용해지고 호화로운 저택들 앞에는 번듯한 고급 차들이 번쩍이며 뽐내는 모습이 눈에 들어온다. 상큼한 공기를 마시며 녹음이 우거진 가로수를 따라 여유롭게 조깅을 즐기는 사람들이 인사를 건네고, 길바닥에는 쓰레기를 찾아보기 힘들다. 말 그대로 딴 세상, 딴 나라이다. 울타리와 위병소의 위력이 이렇게 강할 수가 있을까?

흥미로운 것은 빌리지 안에는 그 빌리지 전용 교회가 따로 있

다는 것이었다. 이 교회에서 예배라도 드리려면 이 빌리지 위병소를 무사히 통과해야만 한다. 물론 그 교회에서 잠시 기도를 드리려고 한다면서 통과를 시켜달라고 떼를 쓰거나 무조건 돌진하여 빌리지 안으로 들어가려고 하지 않는 것이 좋을 것이다. 그렇게 하다가는 예배당에서 주님을 뵙기도 전에 총을 맞아서 하늘나라에서 직접 그분의 얼굴을 뵈게 될지도 모르니까 말이다. 그렇게 따지고 보면 이 교회당은 빌리지 거주민들만의 교회당이고, 거기에 계신 하나님은 빌리지 거주민들만의 하나님인 것 같다. 그들에게 있어서 하나님의 나라는 그 빌리지 울타리를 경계로 하는 영토를 가진 나라일 것이고, 베드로는 천국의 열쇠 대신에 기관총을 들고 빌리지 입구를 지키고 있나 보다. 그러나

필리핀 마닐라의 한 부촌 빌리지 내 성당 미사

예수께서 말씀하시던 하나님 나라는 과연 어떠할까? 그 땅의 넓이는, 그 나라의 경계는 어디일까?

영토와 통치

마태, 마가, 누가복음으로 이루어진 공관 복음서는 예수의 행적과 가르침에 대한 여러 이야기들을 소개해주고 있다. 이 복음서들은 각각 다른 시각에서 이러한 것들을 전해주는데, 이 세 복음서들이 함께 지향하는 공통분모적인 주제가 있다면 그것은 하나님 나라라는 것이다. 하나님 나라라는 것을 하늘나라, 천국 등으로 말하기도 하는데, 이 단어의 원어는 좀 더 깊은 뜻을 담고 있다. 흔히 하나님 나라라고 번역하는 이 용어는 헬라어로 "헤 바실레이아 투 테우$^{he\ basileia\ tou\ theou}$"라고 하는데, 여기에서 "바실레이아^{basileia}"라고 하는 것을 일반적으로 성경에서는 "나라"라고 번역한다. 그러나 "하나님의 나라"라고 번역을 했을 때 우리는 자칫 이 용어가 품고 있는 보다 본질적인 의미를 놓치기 쉽다.

하나님의 나라라고 번역되는 이 헬라어 표현에서 "나라"라고 하는 이 단어는 두 가지의 뜻을 내포하는데, 하나는 말 그대로 "나라", "영역", "영토" 등을 뜻하고 다른 하나는 "통치", "다스림"이라는 말로 번역된다.9) 즉, 영역이나 영토와 같은 것은 구체적인 것이고, 통치나 다스림 같은 것은 보다 추상적인 개념에 해당한다. 하지만 이 두 개념이 서로 전혀 딴판이거나 관계가 없는 것만은 아니다. 이 두 가지 개념 즉, 공간적인 개념의 바실레이아와 추상적 개념의 바실레이아 모두 궁극적으로는 서로 통하는 의미이다. 왜냐하면 하나님이 다스리시는 곳이 곧 하나님의 나라이고, 하나님의 나라가 아닌 곳이라는 것은 그곳에 하나님께서 다스리시는 주권이 닿지 않는다는 의미이기 때문이다.

그러나 한국어 성경에서 그리고 한국 교회에서는 이 단어를 "나라"라고 번역하고 있으며, 그런 단어로 서로 이 말을 통용하고 있다. 그렇기 때문에 우리들은 하나님의 나라라는 개념을 일반적으로 어떤 공간, 예를 든다면 우리가 나중에 죽어서 가는 천국이라는 나라 정도로 국한시키는 오류를 범하게 된다. 그래서인지 내가 어린 시절에 가장 궁금했던 것 가운데 하나는 하나님 나라 혹은 천국이 도대체 어느 장소에 있는가라는 질문이었다. 어린 시절의 내가 가지고 있던 지식으로는 가장 먼 곳이 안드로메다은하라는 장소였기 때문에 당시 나는 하나님 나라가 그 안드로메다가 끝나는 바로 다음 구역일 것이라고 생각하곤 했다. 어린 내가 주일학교에서 듣고 배운 하나님 나라나 천국으로 간다는 것은 내가 죽은 이후에 여행의 과정을 거쳐서(이것도 참으로 궁금했던 것 중에 하나였는데, 나는 그 먼 곳으로 가기 위해서는 이 여행이 빛의 속도보다 빨라야 하기 때문에 순간이동이나 생각의 이동전환 같은 속도의 여행일 것이라 생각했었다.) 도착한 이후에 새 집을 분양받아서 살림살이를 하는 일종의 색다른 장소로의 이사하기 같은 종류로 생각하였고, 이것은 천국에 대한 제한된 개념이해로 빚어진 것이다.

하나님 나라 개념과 윤리

하지만 하나님 나라나 천국이라는 것을 이런 식으로 한정하여 볼 경우 하나님의 나라는 "지금 여기"와 별로 관계가 없는 "나중에 저기" 정도로 인식되기 쉽고, 그렇게 되면 사람들은 그것을 이 땅의 현실보다는 먼 훗날의 일로 생각하기 때문에 이 땅에서의 삶, 특히 윤리적이고도 현실에 대한 적극적 삶에 대해서 다소 거리를 두게 마련이다. 설령 그 훗날의 천국이 이 땅에서의 삶에 대한 태도에 영향을 미친다고 한다면, 그것은 마치 어찌될는지 모르는 미래, 사후세계에서의 안정된 삶을 보장받기 위해서 지금 이 땅에 사는 동안 적선(積善)하는, 일종의 울며 겨자 먹기 식의 보험 가입에 지나지 않는 것이다. 어떤 경우가 되었든 천국에 대한 이러한 한정된 개념이해는 기독교인들로 하여금 현실적인 삶에 대한 태도에 그다지 좋은 영향을 주지는 못한다.

요즘 한국 사회에서 기독교가 사회로부터 많은 손가락질을 당하는 주된 요인 가운데 하나가 현실의 삶에 대한 윤리적 태도에 있어서 기독교인들이 그러한 삶을 살지 못한다는 것인데, 그

다양한 밑바탕 요인들 가운데 하나는 한국전쟁 이후 한국 기독교가 예수의 하나님 나라에 대한 가르침을 공간적인 개념이 전부인양 즉, 하나님의 나라라는 것이 예수를 잘 믿으면 죽어서 하늘나라 간다는 것만을 가리키는 것으로 가르쳐왔다는 점이다. 그렇게 하다 보니 기독교인들은 현실 사회의 한 구성원으로서 윤리적인 삶 즉, 이웃과 더불어 살면서 빛과 소금으로서의 노릇을 하는 것보다는 천국의 모형인 교회 안에서의 삶에 집중을 하는 경향이 일어났다. 소위 말하는 교회에 "충성"하는 모습 말이다. "주일성수"를 비롯하여 새벽예배와 수요예배, 금요예배, 속회예배 등 모든 예배에 빠지지 않는 것, 온갖 종류의 헌금을 "교회에" 많이 하는 것(그런데, 이것이 누구를 위한 헌금이었던가?), 교회청소나 강단 꾸미기 등과 같은 "교회봉사" 등과 같이 모든 것들이 "교회"로 집중이 된다.

이러한 것들은 전쟁이후 피폐해진 삶의 현실과 전통적 샤머니즘이 결합하고 새마을 운동의 뒷심을 받아 "구하면 다 받는다."는 일종의 "하면 된다."식의 구호로 표출된 성공 지향적 신앙관과 짝을 이루어 참으로 묘한 한국적 기독교의 모습을 만들어 놓았다. 이 두 가지가 결합하다보니 한국의 기독교인들은 세계 어느 나라 기독교인들보다 "극성스러운" 열심을 내면서도, 정작 비기독교인들이나 사회로부터 존경을 받기는커녕 도리어 손가락질을 받는 "억울한" 처지에 놓이게 되는 것이다.

열심히 하긴 하지만 그만큼 존경을 받지 못하는 것은 마치 열심히 노를 젓기는 하는데 앞으로 나아가지 못하는 나룻배와 똑같다. 이 둘의 공통점은 방향 설정이 잘못되었다는 점이다. 즉, 하나님 나라에 대한 개념, 그 나라 안에서 그 백성으로서의 삶 등에 대한 기본적인 개념 이해와 방향 설정이 어그러진 탓에, 열심히 하기는 하는데 도리어 욕만 실컷 먹는 꼴이다. 하나님 나라에 대한 두 가지 개념 가운데 너무 공간적인 개념에만 치중하여 이해를 하다 보니 추상적 개념으로서의 하나님 나라에 대한 개념 이해가 전무하다시피 하고, 그러하다 보니 결국 한쪽 더듬이를 잃은 개미처럼 엉뚱한 곳에서 빙빙 돌며 헤맬 수밖에.

예수의 하나님 나라 이해

그러나 사실은 하나님의 나라라는 것이 그 개념에 있어서 공간적인 개념보다 추상적인 개념 즉, 하나님께서 다스리신다는 개념이 더 강하다. 예수께서 그의 공생애 사역을 시작하면서 가장 먼저 선포했던 것이 바로 이 하나님의 나라이며, 그의 삶을 통해서도 일관되게 나타난 것이 바로 하나님의 나라였다. 마가복음은 예수께서 갈릴리에서 하나님 나라가 이제 도래했다는 것을 선포하는 것으로 시작한다[막 1:14-15]. 하나님 나라 즉, 하나님의 다스리심을 선포한다는 것은 지금 현실 세계가 그렇지 못한 모습을 보이고 있다는 것을 전제로 한다. 하나님께서 직접 다스리시지 않는, 보다 정확히 말하자면 하나님께서 다스리시는 세계의 모습에서 벗어나서 그렇지 못한 왜곡된 모습 가운데 지금 이 세상이 처해있다는 것에 대한 인식을 시작으로 마가복음의 예수께서는 그의 사역을 시작한다. 그래서 마가복음의 예수께서는 첫 번째 사역으로 가버나움의 한 회당에서 귀신을 내쫓는 이적을 베푼다[막 1:21-28].

마가가 예수께서 하나님 나라가 왔다는 것을 공식적으로 선포하신 이후의 첫 사역으로 귀신을 내쫓는 사역을 제시한다는 것은 눈여겨 볼 만한데, 이것은 지금 이 세상이 하나님의 다스림 아래 온전히 들어가 있지 못하고 그 대신에 악의 세력이 그 세상을 점령하고 있다는 것을 보여주고 있으며, 이에 대해서 예수

산타폴리나레 누오보 교회의 모자이크, 〈예수께서 군대 귀신을 내쫓으시다〉, 라벤나, 이탈리아 소재

에수와 하나님 나라   *39*

께서 민감히 여기셨다는 것을 보여주기 때문이다. 지금 마가복음의 세상은 하나님 대신에 악한 마귀의 세력이 그 자리를 차지하고 사람들을 괴롭히고 있다. 그 악한 세력은 사람들로 하여금 온전하지 못한 모습을 갖게 하며, 뒤틀린 인간관계와 인간답지 못한 짐승 같은 삶, 그리하여 사람과 사람이 함께 어우러지지 못하고 보이지 않는 장벽 가운데 서로 거리를 두고 살도록 한다.

이러한 모습은 마가복음 5장에 잘 나타난다. 마가복음 5장에는 한 귀신 들린 사람에 대한 이야기가 나오는데[막5:1-20], 그 사람은 벌거벗은 몸으로 무덤이나 산에서 살면서 짐승처럼 소리를 질러대고 자신의 몸을 학대하는 삶을 산다[막5:5]. 그의 삶은 인간답지 못하다. 그는 동물처럼 쇠고랑에 묶여있고, 이성적인 통제도 되지 않으며[막5:4], 그리하여 친지와 친구들로부터 멀리 떨어져서, 사람이 살만한 곳이라고 할 수 없는 무덤을 헤집고 돌아다닌다. 그를 사로잡고 있는 것은 하나님이 아니라 "군대"라고 부르는[막5:9] 귀신이다. 이 귀신은 이 사람으로 하여금 진정한 자아를 혼동하게 만들었기에 이 사람은 자기가 누구인지도 모른다. 그래서 예수께서 그에게 이름이 무엇이냐고 물어보셨을 때 그는 자신의 부모가 지어준 자신의 이름을 대지 않고 "군대"라고 하는 엉뚱한 이름을 댄다.

이 모든 것은 인간을 파멸의 세계로 끌어넣는 악마가 이 사람을 다스리고 있기 때문에 벌어지는 현상이다. 악마는 인간을 존엄한 한 인간으로 바라보지 않는다. 악마에게 있어서 인간은 자기가 마음대로 휘두르면서 자기 욕심을 채우는 하나의 도구에 지나지 않는다. 그러하기에 악마의 다스림에는 한 인간을 존중하거나 사랑하는 것도 없으며, 악마는 그 사람의 행복에 전혀 관심도 없다. 악마에게 있어서 인간은 그저 자신이 머물면서 마음대로 가지고 놀 수 있는 장난감에 지나지 않는다. 그래서 악마의 다스림 아래에 놓여있는 이 사나이는 이러한 비참한 삶을 살고 있다. 이 사람의 이야기는 하나님의 다스리심 아래 있지 아니하고 악의 세력 아래 처해있을 때, 특히 그 세력에 사로잡혀 있을 때 얼마나 인간의 삶이 비참하고 비정상적인 모습으로 전락하게 되는지 잘 보여준다.

이렇듯 악의 세력이 다스리는 삶, 하나님의 다스리심에서 벗어난 삶은 참으로 피폐하다. 예수께서 하신 사역은 바로 이러한 파괴적인 세상을 바로잡아 하나님의 다스리심 아래 들어가도록 다시금 회복시키는 하나님 나라의 사역이었다. 악의 파괴적인 세력을 물리치고 그 아래서 신음하며 비인간적인 불행한 삶을 사는 사람들을 해방시키는 사역, 인간이 하나님의 형상을 따라 창조된 존재라는 존엄성을 회복하여 억압과 차별대신에 존중을 받는 존재로, 쾌락을 위한 수단에서 행복을 누리는 주체로 돌아가도록 하는 사역이 바로 예수께서 하신 하나님 나라의 사역이었다.

먼저 강한 자를 결박하고

그러나 하나님께서 다스리시는 세상 속으로 들어가는 것이 온전하고도 아름다운 삶의 모습일진대, 악의 세력은 그것을 거부한다. 왜냐하면 사람이 하나님의 다스리심 아래로 들어간다는 것은 자신이 잔재주를 부릴 장난감을 빼앗기는 것을 의미하기 때문이다. 악의 세력은 결코 그것을 원하지 않는다. 그래서 예수께서 귀신들린 사람 안에서 하나님의 다스리심을 회복시키려 하셨을 때 그 악한 세력들은 "왜 자신들을 그냥 내버려두지 않고 귀찮게 끼어들려고 하느냐"고 대들면서[막1:24; 5:7] 자기들의 밥그릇을 꼭 움켜잡으려 하였던 것이다.

예수께서 자신의 사역을 통해 바로잡으려 하셨던 하나님의 온전한 다스리심은 이러한 선과 악의 대결이라는 세계관 가운데 있는 것이었다. 예수께서 제일 첫 사역으로 귀신을 내쫓는 일은 일종의 상징적인 행동이었는데, 이것은 그동안 이 세상을 다스리던 악의 세력의 통치가 이제 종식되었으며 이제부터는 하나님께서 온전히 다스리시는 세상이 다시금 회복되었다는 것을 선포하는 것이기 때문이다. 유대지도자들이 예수를 일컬어 귀신들린 자라고 몰아세웠을 때 예수께서 그들에게 하신 답변은 예수께서 첫 사역으로 귀신을 내쫓은 일과 상당히 밀접한 연관이 있다. 왜냐하면 그 답변은 예수께서 하신 그 첫 사역이 어떠한 상징적 의미를 지니는지 잘 암시하고 있기 때문이다.

예수께서 많은 병자들을 고쳐주시고 귀신들을 내어 쫓기에 한창 열중하고 계실 즈음, 예루살렘에서 내려온 율법학자들과 예수의 친척들이 예수가 미쳤다고 하면서 그를 잡으러 내려온 적이 있다[막3:20-35]. 그들이 예수께 미쳤다고 말했을 때 예수께서는 먼저 힘 센 자를 결박한 다음에 집에 들어가서 집을 털어갈 수 있다는 말로 답변한다[막3:27].

이 대화에서 예수께서는 왜 가장 먼저 자신이 귀신을 내쫓는 사역을 했는지를 빗대어 말씀하신다. 하나님의 다스리심을 정면으로 거부하는 적대세력은 악한 사탄이다. 그 사탄이 다스리는 세상은 파괴적이다. 그리고 지금 이 세상은 그런 파괴적 세력 아래서 신음하고 있다. 예수께서 하신 사역은 그러한 세상을 뒤집어 놓고 온전히 하나님께서 다스리시는 세상을 만드는 것이었다. 그러하기에 예수께서는 먼저 강한 자를 결박하고 그 집을 털어가듯이, 그 적대 세력을 물리치고 온전한 세상을 회복시키는 사역을 하신다. 이러한 맥락에서 제일 첫 사역으로 제시된 것이 바로 귀신을 굴복시키는 사역[막 1:21-28]이었던 것이다.

하나님 통치의 대립적 가치들

예수께서 선포하시고^{막1:14-15} 제일 먼저 실제로 이루어내신^{막1:21-28} 것은 하나님 나라의 회복이다. 또한 예수께서 그의 사역 가운데 계속해서 이루어내려 하신 것도 하나님의 다스리심이다. 이 하나님의 다스리심 아래로 들어오는 삶 즉, 하나님 나라의 삶과 그렇지 못한 삶의 대조적 모습은 예수의 사역과 그 사역을 대적하는 세력들 사이의 갈등에서 잘 드러난다. 복음서는 예수의 삶을 통해서 이러한 두 세력 즉, 하나님 나라/통치의 힘과 그것에 반대하는 힘의 긴장관계를 잘 보여주고 있다. 이 둘의 긴장관계는 다양한 모습으로 나타나는데, 높음과 낮음, 권력과 무력無力, 화려함과 희생, 살려는 것과 죽으려는 것, 욕심과 비움, 자기애와 이타적 사랑, 차별과 포용, 대결과 화해, 미움과 사랑 등 대조적인 가치들의 대립이 바로 그것이다.

하나님의 다스리심 아래 들어간 삶의 모습의 특징 가운데 중요한 것 하나가 바로 포용이라는 가치이다. 포용과 대립적인 관계에 있는 개념은 차별인데, 이것은 예수 당시 사회에서 매우 당연한 것처럼 일상생활 가운데 공공연하게 벌어졌던, 그래서 도리어 그것이 없으면 이상하게 보일 정도로 상당히 일반화되어있던 사회적 양상이었다. 예수께서 활동하시던 유대에서 하나님의 다스리심 아래에 들어가는 것과 대치되는 이러한 차별적인 구도의 대표적 시스템은 소위 "정결법"이라고 하는 것이었다. 예수 당시의 사회는 정결법이라는 것으로 사람과 사람 사이에 장벽을 쌓아놓고 그 사이를 오가지 못하도록 했던 폐쇄적 구조의 사회였다. 마치 필리핀

아노레 도미에르, 〈담소를 나누는 세 법률가들〉, 1862-65, 필립스 콜렉션, 워싱톤

의 빌리지처럼 말이다. 정결하지 못하다는 낙인이 찍히면 그 사람은 그 사회로부터 격리를 당하고 부당한 대우와 차별을 당한다.

이러한 차별적 시스템을 옹호하는 집단은 유대 사회에서 지도자들이라고 하는 율법학자나 장로들, 바리새인 등이었는데, 특히 그 가운데 바리새인들은 더욱 이런 차별적 시스템의 여당적인 핵심 구역에 자리를 잡은 집단이었다. 바리새라는 용어 자체가 이미 분리되었다는 의미를 내포하는데,[10] 이것은 그들이 자신들은 다른 사람들과 다른 존재라는 차별적 의식을 기본적으

로 하고 있는 사람들이었음을 잘 보여준다. 따라서 예수께서 하나님의 다스리심을 선포하고 그것을 자신의 사역을 통해 실현시키고 있을 때 가장 많이 적대적 태도를 보였던 집단이 바리새인들이었다. 왜냐하면 예수께서 사역하시던 하나님 나라의 일은 사람들 사이에 차별을 없애고 그 장벽을 허무는 일로 종종 드러났기 때문이다.

예수가 꿈꾸던 세상

예수의 식사 친구

예수께서 다른 랍비들과 다른 모습이 있다면 유대 사회에서 전통적으로 내려오던 틀을 해체하는 스승이었다는 것이다. 당시 바리새인들을 비롯한 유대 지도자들이 예수에 대해서 가장 못마땅해 하던 것 가운데 하나는 바로 그가 소위 말하는 불가촉 천민들과 보란 듯이 어울려 다니면서 그렇게 행동하는 것이 바람직한 것이라고 주장했다는 점이었다. 이것을 잘 보여주는 예가 레위라는 사람과 예수를 두고 벌어진 사건이었다. 어느 날 예수께서 길을 걸어가시다가 레위라는 사람이 세관에 앉아있는 모습을 보시고 그에게 자신을 따라오라고 말씀하셨다[눅 5:27-32; 막 2:13-17; 마 9:9-13]. 뿐만 아니라 예수께서는 그의 집에 들어가셔서 함께 식사를 하였다. 그러자 바리새파 사람들이 투덜거리면서 말한다. "당신들은 왜 세리와 죄인들과 함께 어울려서 먹고 마시는 거요?"

그들이 예수와 그의 일행들을 향해 이렇게 불만을 표시하는 것은 그들의 입장에서 볼 때는 어쩌면 당연한 것이었다. 예수 당시 세리는 상종해서는 안 되는 죄인으로 치부되었던 사람들이었다.11) 당시 유대는 로마 제국의 식민지 통치 하에 있었는데, 로마 제국은 기근과 고위층들의 수탈로 인해 피폐해진 유대인들의 어려운 삶에도 불구하고 그들에게서 많은 것들을 착취해갔으며, 그 착취 행위의 집행자들이 바로 세리들이었다. 그들은 원수들의 앞잡이가 되어서 자신들의 동포들에게서 세금을 거두어 로마 제국에 바쳤다. 뿐만 아니라 그들은 그 가운데서 자신의 몫을 따로 챙기는 파렴치한 일들을 많이 저지르기도 했다. 그래서 유대인들이 보기에 세리라는 사람들은 악당들로 비쳐질 뿐이었다. 그렇게 부정하게 수탈을 하였으니 그들의 돈은

파올로 베로네즈, 〈레위의 집에서 식사〉, 1573, 갤러리 델 아카데미아, 베니스

더러운 돈이었고, 이들은 회개조차도 쉽지 않았다. 왜냐하면 자신들이 착취한 출처를 일일이 기억할 수 없어서 보상을 해주려고 해도 해줄 수 없기 때문이었다.12) 그들의 돈은 부정했기 때문에 그 돈으로 자선행위를 하는 것도 받아들여지지 않을 정도였다. 이것이 예수 당시의 사람들이 세리라는 사람들에 대해 가졌던 사회적 인식이었으니, 예수께서 이러한 죄인 중에 죄인과 어울린다는 것은 충격적인 일이었던 것이다.

그러나 그들은 예수께서 하시는 하나님 나라의 사역이 어떤 것인지 몰랐기에 예수께 왜 그렇게 죄인들과 어울리느냐고 따졌던 것이다. 예수께서 당시 사회적으로 죄인이라고 따로 분류되어 소외당하던 사람들과 함께 어울리셨던 것은 그 차별 시스템이 하나님께서 다스리시는 나라의 모습과는 어울리지 않는 것이라 여기셨기 때문이었다. 그 차별 시스템은 설령 그 세리들이 잘못을 했다 하더라도 그것을 뉘우칠 수 있는 기회마저 박탈한 시스템이었다. 그래서 세리에게 회개를 말한다느니 그들이 공동체의 일원으로 받아들여지도록 무엇을 한다는 것 자체가 그 시스템 아래에서는 어불성설이었던 것이다. 그런데 예수께서는 그 장벽을 허물어 내시고 그들을 하나의 테두리 안으로 초청하여, 여러 개의 집단이 아닌 하나의 공동체를 만드심으로써 하나님께서 창조하셨던 그 창조의 세상으로 그 세계를 회복시키려 하셨던 것이다.

특히 예수께서 그들과 더불어 식사를 하셨다는 것은 참으로 중요한 의미를 지닌다. 왜냐하면 한 자리에서 밥을 함께 먹는다는 것은 그 사람과 나의 관계를 잘 보여주기 때문이다.[13] 시편 41편은 가장 극심한 배신감을 표현할 때 "나와 한 상에서 밥을 먹던 친구가 나를 차려고 발뒤꿈치를 들었다"라고 표현한다. 예수께서 최후의 만찬 자리에서 가룟 유다가 자신을 배신할 것을 이르시면서 "나와 함께 같은 대접에 빵을 적시고 있는 자"[막 14:20]를 언급한 것은 그 배신감이 얼마나 극심한 것이었는지를 잘 보여주고 있다. 따라서 이것을 역으로 볼 때, 한 상에서 식탁 교제를 한다는 것은 두 사람이 얼마나 서로 친밀한지를 잘 보여준다. 예수께서 죄인들이라고 분류되는 사람들과 함께 식사를 했다는 것은 단순히 그들과 교제를 했다는 차원을 넘어서서, 예수께서 적극적으로 그들과 더불어서 친밀한 친구 관계를 세우려고 하셨다는 것을 보여준다.

삭개오

누가복음에는 또 다른 세리의 이야기가 나온다. 그 유명한 삭개오이다. 그는 세리장이었고 부자였다[눅19:2]. 당시 유대 사회에서 부자들은 존경을 받았다. 왜냐하면 하나님은 의로운 사람에

게 복을 주시고 그 사람은 부
를 누리게 된다고 믿었기 때문
이다. 따라서 사람이 부자가 된
다는 것은 그가 하나님 앞에서
의로운 사람이었다는 것을 증
명하는 것이고, 이 사람은 당연
히 존경을 받을 자격이 있는
것이었다. 이러한 연유에서 예
수께서 부자가 하나님 나라에
들어가는 것보다 낙타가 바늘
귀로 들어가는 것이 더 쉽다고
말씀하셨을 때 제자들이 부자
가 못 들어가면 도대체 누가
들어갈 수 있느냐고 하면서 놀

베르나도 스트로찌, 〈삭개오의 회심〉,
17세기, 보-아르 뮤지엄, 낭트

랐던 것이다.막10:25-26. 그러나 삭개오는 부자였지만 존경받지는
못했다. 왜냐하면 그는 세리였고, 그의 재물은 그의 의로운 삶
덕분에 주어진 하나님의 축복의 결과가 아니라 동포들로부터
늑탈한 불의한 재물에 지나지 않는다고 여겨졌기 때문이다.

그런데 예수와 만난 삭개오는 기존 유대인들의 전통에서 기대
하던 바와는 달리 회개를 할 기회를 얻으며눅 19:8, 그의 회개는
받아들여지고 결국 그는 "아브라함의 자손"이라는 선포를 들음
으로써 그동안 장벽으로 인해 감히 넘어갈 수 없었던 담을 넘

어서 공동체의 한 일원으로 받아들여지게 된다. 그것을 증명이라도 하듯이 예수께서는 그날 밤 그의 집에서 저녁 식사도 함께 하시고 잠도 주무신다. 예수께서 하신 이러한 행동들은 기존의 유대적 가치관을 완전히 무너뜨리는 행위였다.

먹보, 술꾼, 세리와 죄인의 친구

예수께서 레위나 삭개오에게 보이셨던 이러한 모습은 전통적 틀을 중시하던 당시 점잖으신 유대 지도자들과 같은 기득권자들의 눈에 보기에는 한 젊은 청년의 경박스러운 객기나 반사회적 일탈행위 정도로 여겨졌다. 랍비라고 하는 자가 죄인들이라고 하는 사람들과 아무런 거리낌 없이 밥을 먹고 말을 섞고 서로 친구를 삼는 것은 매우 거슬리는 짓이었다. 그래서 유대 지도자들은 더 이상 참지 못하고 예수를 두고 다소 모욕적인 언사를 흘리고 다녔다. "저 사람은 먹보요, 술꾼이요, 세리와 죄인의 친구로다" 눅7:34.

그들과 함께 어울리면서 금식도 않고 Cf. 막2:18-20 안식일에도 아무런 거리낌 없이 먹어대고 함께 식탁 교제를 나누니 그들의 눈에는 그가 먹기를 탐하고 술을 마구 퍼마시는 사람 정도로 얕잡아 뵈었던 모양이다. 예수께 대한 이런 부정적인 표현은 공정하지 못한 다소 일방적으로 부풀려진 시각에서 나온 말일 수 있다. 그러나 "세리와 죄인의 친구"라는 모습에 대해서는 그들이 정확히 본 것이다.

　예수는 소위 말하는 "죄인들"의 친구였다. 그를 따라다니던 사람들은 웬만하면 거의 다 "그저 그런" 사람들이었다. 공관 복음서들을 보면 예수의 측근에 있는 사람 치고 소위 한 자리 좀 한다는 사람은 찾아보기 힘들다. 아리마대 사람 요셉^{막15:42-43}이 그 중 제일 사회적으로 체면치레를 해 줄 수 있는 사람일까? 그의 주변에는 아픈 사람, 불가촉천민들, 비린내 풍기는 어부들, 동포들의 고혈을 빨아 제 배를 채우는 자라고 하여 원수로 여겨졌던 세리들,14) 막달라 마리아처럼 한 때 정신 줄 놓았던 여자, 무덤에서 옷 벗고 뛰어다니던 미친 남자, 예수를 따라다니며 주린 배를 채우던 "어중이떠중이들", 수로보니게 여인처럼 개 취급당하는 멸시로 차별대우 받는 외국인들, 천벌을 받은 더러운 자라고 미움을 받아 동네에서 함께 살지 못하고 마을에서 쫓겨나 짐승처럼 살던 "문둥병자들", 구걸하는 거지들. 거의 대부분이 생각할수록 한숨만 나오는 사람들이었다.

　이들은 모두 당시 사회에서 환영받지 못하는 존재들이었다. 바리새인, 사두개인, 율법학자들과 같은 사회 기득권층에서 볼 때 이들은 더럽고 천한 자들이었고, 결코 이들과는 어울려 살 수 없는, 질적으로 다른 사람들이었다. 그러나 예수는 그들을 멸시하고 차별하면서 자신들과 그들 사이에 높은 장벽을 세우면서 서로 오가지 못하도록 만들었던 그 사람들의 사고방식과 그 사회 시스템에 대해 신랄한 비판을 퍼부으면서, 그것들이 하나님께서 다스리시는 그 나라의 모습에 어긋난 죄악된 것이며, 따라서 그것을 철폐해야 한다고 목소리를 높였던 것이다. 뿐만 아니라 그러한 차별 없는 세상이 이제 도래했다는 것을, 자신을 통해 그 세상이 이제 이루어지기 시작했다는 것을 선포하면서 몸소 그런 세상의 모습을 자신의 삶과 사역을 통해 보여주었던 것이다.

울타리 허물기

예수께서 선포하신 하나님 나라, 그분께서 이루고자 하셨던 하나님 나라는 바로 이러한 불합리한 차별의 장벽을 무너뜨리는 것이었다. 소위 기득권을 가진 사람들이 바깥세상이야 어찌 되든 말든 상관없이 높은 울타리를 둘러서 쌓아놓고 그 울타리 안에서 자신들만의 천국을 만들어서 자신들만 잘났다고 살 때에 예수께서는 "그렇게 하는 것은 잘못한 것이다."라고 하시면서 직접 망치를 들고 그 장벽을 깨뜨리기 시작하신 것이었다. 그들이 사설 경비원을 고용하여 기관총을 쥐어주면서 아무나 "우리만의 천국"에 함부로 드나들지 못하도록 철저히 지키라고 하였을 때, 예수께서는 그 경비원을 무장해제 시키셨다. 기득권을 가진 이들이 바깥세상이야 더럽든 말든 자기들의 빌리지만 깨끗하고 아름답게 꾸밀 때에 예수께서는 빌리지 만큼 바깥 동네도 깨끗하고 아름다운 세상이 될 자격이 있다고, 울타리 바깥에 있는 사람들도 그들만큼 좋은 삶을 누릴 필요가 있다고 선포하시면서 그 울타리를 허무신 것이었다.

예수께서 울타리를 허무실 때에는 빌리지를 바깥세상처럼 더럽히게 하시기 위함이 아니라, 깨끗한 빌리지의 영역을 모든 이들이 누릴 수 있도록 바깥세상을 빌리지처럼 아름답게 하시기 위함이었다. 그렇게 보면 빌리지가 없어지는 것이 아니라 도리어 빌리지가 무한정 넓어지는 셈이다. 소수의 사람들, 기득권을 가진 사람들이 사탕보다 달콤한 차별을 즐기면서 울타리 밖에 놓인 사람들에 대하여 은근히 빼기는 자만심을 더 이상 누리지 못하도록, 잘난 척 하는 데서 오는 미성숙한 쾌락을 소수의 사람들에게 더해주기 위해 다수의 사람들이 소외감과 억압의 고통 아래 신음해야 하는 일이 더 이상 벌어지지 않도록 하기 위해 예수께서는 과감히 망치를 드셨다.

그리고 보면 예수께서는 인간의 불행이 차별에서 비롯되는 것임을 간파하신 것 같다. 나의 잘남을 위해서 다른 사람이 못나야 한다는 것, 내가 다른 사람들과 비슷해지거나 내가 누리는 것을 남들도 다 누린다는 것을 도저히 눈뜨고 못 봐주는 지독한 교만, 그래서 너는 나와 다르다는 것을 어떻게 해서든 부각시켜야만 직성이 풀리는 인간의 악한 심보를 예수께서는 없애려고 하셨다.

어린 시절부터 교회에서 목사님들이 농담 반 진담 반으로 하셨던 이야기가 문득 생각난다. 이 땅에서 열심히 잘 하면 하늘 나라에 갔을 때 황금 면류관을 쓰고, 별 볼일 없이 하면 개털 모자를 쓴다는 말이었다. 하기야, 외경의 도마행전에서도 이 땅에서 자신이 한 일에 따라서 하늘에 어떤 집이 세워지는지 결정된다고 보았으니,15) 이런 생각이 어제 오늘 일만은 아닌 것 같다. 그러나 하늘나라에 가서까지 그 안에서 고등학생 내신 등급 매겨지듯이 서열이 생긴다면 그게 과연 하늘나라일까 의문이다. "행복은 성적순이 아니듯이" 등급과 서열 같은 차별이 있는 곳에는 행복이 없을 터이고, 행복이 없는 곳이 무슨 천국이겠는가? 모두가 다 행복한 나라, 그 어디에도 차별이 없는 곳, 바로 예수께서 시작하셨던 하나님 나라의 모습이다.

패이튼 리즈 감독, 〈예스맨〉, 2008 가운데 한 장면

노먼: "이런 것들은 코스트코에 가면 잔뜩 있지. 있잖아, 난 특별한 사람들에게만 발급되는 멤버십 카드가 있어요. 그 카드만 있으면 코스트코 어디든 갈 수 있다고. 그 카드로 할인 가격에 엄청나게 많이 살 수도 있어요."
앨리슨: "하지만... 코스트코 멤버십 카드는 누구나 발급 받을 수 있는 거잖아요?"
노먼: "아니, 그렇지 않아요. 하지만 당신이 원하면 내가 힘깨나 쓰는 사람에게 잘 말해줄 수는 있어요."

그렇다면 우리 사회에서도 이러한 하나님의 나라 즉, 하나님께서 다스리시는 모습이 과연 나타나고 있는가? 계급이 없는 자유평등 민주주의 사회라고 하는 대한민국이지만, 과연 우리 사회에 계급이 없을까? 행여 우리는 특혜까지는 아니라 하더라도 은근히 남들과 달리 차별대접을 기대하면서 그것을 받기 위해 차별을 조장하고 있는 것은 아닌가? 30평 대 아파트에 살면서 20평 대, 10평 대 아파트에 사는 사람들을 무시하고 나보다 넓은 평수에 사는 사람들을 우러러 보는 것은 어떨까?

어떤 차를 타고 다니는지, 어느 동네에 사는지, 심지어는 내가 장을 보는 곳이 동네 할인마트인지 이마트인지 아니면 회비를 내고 "멤버십카드"를 제시해야만 들어갈 수 있는 코스트코Costco인지 앞집 사람과 비교하면서 그 사람을 우러러보거나 깔보며 살고 있는 것은 아닌가? 혹은 아이가 다니는 학교나 유치원의 "레벨"은 어떠한가? 행여 피부색으로 서열을 매겨서, 동남아 여행을 갈 때는 어깨 펴고 함부로 행동하면서 유럽이나 미주 지역을 여행할 때는 주눅이 들어서 조심히 행동하는 이중적 태도를 보이는 것은 아닐까? 그 무엇이 되었든 우월감에서 남을 차별하거나 열등감에서 자기 자신도 그러한 차별의 대상이 되도록 만든다면 그것은 하나님의 형상을 따라 지으심을 받은 사람을 무시하는 태도이며, 이러한 장벽을 허물어서 하나님 나라를 이루고자 하셨던 예수의 하나님 나라 운동을 도리어 방해하는 사탄적인 태도가 아닐까?

3장 예수가 꿈꾸는 세상

담을 넘는 예수

예수의 새로운 상호용납 공동체

발타자르는 깜짝 놀라면서 몸을 움츠렸다. 그리고 악마가 장난을 치지 못하도록 재빨리 성호를 그었다. "도대체 무슨 말씀을 하시는 겁니까, 바르톨로메우 로렌스 신부님? 하느님이 한 손 밖에 없다는 이야기가 성경의 어느 부분에 적혀있다는 말입니까?"

"아무도 그런 말을 한 적은 없다네. 성경의 그 어디에도 그런 말은 적혀있지 않아. 다만 하느님은 왼손이 없는 것이 아닐까 하고 한번 생각해 보았던 것뿐일세. 하느님은 항상 오른손을 쓰시고 오른편에만 앉게 하시니까 말이야."

-주제 사라마구, 『수도원의 비망록』

담을 넘는 예수

트루디니스

2005년 10월 17일 미국의 유명한 코미디언인 스티븐 콜베어 S. Colbert는 자신이 진행하는 쇼 "콜베어 리포트The Colbert Report"에서 트루디니스truthiness라는 단어를 소개했다. 이 단어는 "내가 말하는 것은 옳고, 다른 사람들이 말하는 것은 사실이 아닐 것이라고 생각하는 것이다. 이것은 내가 진실이라고 '느끼는' 것을 가리킬 뿐만 아니라 '내가' 진실이라고 느끼는 것을 가리키기도 한다. 즉, 여기에는 감정적인 것

콜베어 리포트, 트루디니스

도 있지만 이기적인 차원도 있다."16)는 그의 표현에 잘 나타나 있다. 이 단어는 진실이라는 것을 어떤 객관적 사실에 바탕을 두어서 주장하는 것이 아니라 자기가 진실이라고 믿고 싶거나 진실이라고 느끼는 것을 진실이라고 믿는 경향을 가리킨다. 여기에는 그 강도나 정도의 차이는 있겠지만 공통적으로 어떤 모종의 이해관계가 얽혀있다.

콜베어가 이 용어로 꼬집은 사례가 조지 부시 대통령의 이라크 침공 사건이다. 조지 부시 대통령은 이라크의 사담 후세인이 대량살상 무기를 가지고 있으며 알 카에다 조직과 연루되어 세계의 평화를 위협하는 위험한 독재자이기 때문에 그를 제거하고 그 대량살상 무기를 찾아내어 폐기해야 한다면서 2003년에 이라크 전쟁을 일으켰다. 그러나 정작 대량살상 무기는 찾아내지도 못했으며, 그 대신 그는 중동의 골칫거리인 사담 후세인을 제거하고 그곳에서 친미 정부를 세웠다. 그런데 부시 대통령이 한창 후세인을 쑤시면서 시비를 걸고 있는 참에 다른 한쪽에서 부시 대통령의 약을 올리던 이가 있었으니 바로 북한의 김정일이었다. 당시 김정일은 핵확산 금지조약^{NPT} 탈퇴를 선언하며 위협을 가하기 시작했다.

이에 신문 만평 하나가 당시 영국의 한 일간지에 실렸었는데 그 그림이 매우 흥미롭다. 그 그림에서는 덩치가 큰 부시 대통령이 자그마한 사담 후세인에게 대량살상 무기를 내놓으라고 마구 다그친다. 사담 후세인은 난처한 표정을 지으면서 억울하다는 듯이 자기는 그런 것이 없다고 울상을 짓는다. 그런데 부시가 후세인을 협박하면서 이런 시비를 하느라 정신이 없는 차에 부시 뒤에서 아주 작은 크기의 김정일이 부시의 바짓가랑이를 잡아당기면서 나는 핵무기가 있다고, 그러니 제발 자기를 좀 봐 달라고 애원한다. 하지만 정작 부시는 김정일에게는 관심이 없고 후세인만 다그치고 있다. 참으로 우스꽝스럽기 그지없는 장면이다.

이것은 실제로 2003년 초반에 미국과 이라크와 북한 사이에 벌어지던 현상을 그대로 반영한 것이다. 당시 미국이 이라크 문제에 한창 신경을 곤두세우자 북한은 서서히 관심에서 멀어지게 생겼던 것이다. 그래서 북한은 비장의 카드인 핵카드를 내밀면서 말썽꾸러기 노릇을 자청하였다. 마치 사람들의 관심을 끌기 위해 아이가 일부러 말썽을 부리듯 말이다.

북한의 기대와는 달리 미국은 일단 이라크 문제에 집중하면서 북한의 소란에 일부러 귀를 막았다. 미국에게 있어서 지금 더 중요한 이해관계가 얽혀있는 것은 북한 보다는 이라크였고, 북한과 이라크의 문제를 저울질 해본 결과 북한은 이라크와의 순위에 있어서 뒤로 물러나야만 했던 것이다. 몇 년이 지난 지금 주지하다시피 이라크에서 대량살상 무기는 발견되지 않았지만 북한은 핵을 가지고 있는 것으로 판단된다. 그런데 미국은 이라크의 "고해성사"와 북한의 "사실폭로"를 믿어주지 않았다. 왜 미국이 그렇게 했는지 그 이유에 대해서는 의견이 분분하다. 그러나 중요한 것은 그 이면에는 복잡한 정치적, 경제적, 군사적 이해관계가 복잡하게 얽혀있고, 부시 정권은 사실이나 진실 규명 그 자체보다는 그 이해관계를 따라서 믿고 싶은 것만 믿는 모습을 보였다는 것이다.

모데르차이 바누누

이와 비슷한 이야기를 하나 더 들어보자. 모데르차이 바누누Moderchai Vanunu는 이스라엘의 핵기술자이다. 그는 1986년에 영국의 한 일간지에 이스라엘이 비밀리에 핵무기를 개발하고 있다고 폭로하였다. 이 폭로로 인해서 그의 앞길은 험난한 여정으로 이어졌다. 그는 이탈리아에서 이스라엘 첩보 요원에게 납치되어 이스라엘로 압송되었으며, 18년 동안 감옥에서 옥살이를 하였다. 그는 2004년에 가석방 되었지만, 이후로도 이스라엘의 비밀 핵무기 개발에 대한 폭로를 멈추지 않았다. 그래서 그는 2007년에 6개월의 징역을 살았으며, 석방 된 이후에 또 다시 진실을 알리려고 노력하였다, 그의 이러한 시도로 인해 2010년 5월에 다시금 투옥되었다.

흥미로운 것은 바누누가 거듭해서 이스라엘의 핵무기 개발에 대해 양심선언을 했건만, 서방세계는 그에게 귀를 기울여주지

ⓒ 2004 Khalil Bendib

않았다는 것이다. 유명한 카투니스트^{cartoonist} 칼릴 벤딥^{Khalil Bendib}은 이러한 것을 잘 꼬집은 만평을 하나 그렸다. 이 그림에서는 이스라엘이 엄청나게 큰 핵폭탄들을 쌓아놓고 있고, 작은 꼬마 바누누가 미국과 유럽연합, 그리고 UN의 핵확산 방지 사찰단에게 이스라엘 핵무기 개발이 엄청나다고 고발을 한다. 그러나 그들은 "됐어, 바누누! 지금 우리가 바쁜 게 안 보이니?"라고 하면서 외면한다. 그리고 돋보기를 비추어가면서 아주 작은 이란의 핵폭탄을 파헤치느라 여념이 없다. 그림 왼쪽 아래에서는 몇 몇 사람들이 이스라엘의 핵폭탄들을 가리키며 말한다. "저것? 수퍼 사이즈 크기의 코셔 소세지야."

이 몇 몇 사람들의 대사가 흥미롭다. 소세지는 돼지고기로 만들고, 이스라엘 사람들에게 있어서 돼지고기는 코셔(Kosher) 즉, 금기 식품이다. 이들은 이스라엘의 거대한 핵폭탄을 가리켜서 수퍼 사이즈의 소세지라고 말한다. 소세지는 만들어서도 안 되고 먹어서도 안 되는 코셔이다. 만일 만들었거나 먹었다면, 만들었다는 이야기도 해서는 안 되고 먹었다는 이야기는 더더욱 해서는 안 된다. 그런데 바누누는 이 금기를 깨뜨렸다. 말해서는 안 되는 것, 비록 그것이 진실이라 하더라도 진실이라고 말해서는 안 되는 것을 바누누는 진실이라고 말했으며, 그는 진실을 말한 대가로 18년이 넘는 감옥살이를 해야만 했다. 미국, 유럽연합, 그리고 UN의 거대한 힘들은, 그리고 왼쪽 귀퉁이 아래에 있는 여러 사람들은 그 진실 앞에서 애써 귀를 틀어막고 있다. 거기에는 복잡한 정치적, 경제적 이해관계가 얽혀 있다.

콜베어가 트루디니스라는 표현으로써 잘 지적했듯이 사람들은 종종 사실이나 진실 여부에 따라 움직이기 보다는 이해관계에 따라 움직이곤 한다. 쉽게 말하면 진실, 정의, 옳은 것, 바람직한 것에 대해 그 자체의 가치에 따라 자신을 움직이는 것이 아니라, 자신의 이해관계에 따라서 진실을 자기 쪽으로 움직이도록 만든다는 것이다. 어떤 사실이 옳거나 바람직하더라도 그것이 나의 이해타산과 딱 맞아떨어질 때만 비로소 그것이 진실이라는 것으로 인정을 받는다. 만일 그것이 나의 입장이나 이해관계에 배치된다면 즉, 나에게 일말의 손해 볼 것을 요구하는 것이 된다면 그것은 비록 옳거나 바람직하더라도 나에게 있어서 진실로서 인정을 받지 못하는 것이다. 진실은 나에게 이익이 된다는 조건 하에 진실이 된다. 만일 나에게 작은 손실이라도 되는 순간 그것은 진실이 아니다.

어느 율법학자 이야기

예수께서 하나님 나라를 이 땅에 선포하고 그 나라를 구현해 나가는 모습이 앞서 살펴보았듯이 일종의 장벽 허물기라는 작업이었다. 그 세상은 특권이나 차별, 특혜나 특별대우 같은 것이 존재하지 않는다. 거기에는 기득권자라는 용어가 있을 수 없다. 모두가 평등하게 존중을 받는 세상이기 때문이다. 그러나 악의 세력은 하나님께서 다스리시는 이런 세상이 오는 것을 그리 달가워하지 않는다. 이러한 세상을 받아들이는 것에 대해서 기득권자들이 얼마나 그것을 거부하는지, 그리고 이 장벽을 넘는 것이 무엇을 의미하는지 잘 보여주는 예가 바로 흔히 "선한 사마리아인의 비유"[눅10:25-37]라고 일컫는 누가복음의 이야기이다. 이 이야기는 한 율법학자가 예수를 곤란한 지경에 몰아넣기 위해서 어떻게 해야 영원한 생명을 얻을 수 있는지 물어보는 것에서 비롯된 이야기이다. 이 이야기는 기득권자들이 얼마나 오만한지, 그 오만이 자신과 타인 사이에 쌓아놓은 장벽을 무너뜨리고 그 경계선을 넘어가는 데 있어서 얼마나 커다란 걸림돌이 되는지, 그리고 그들이 마땅히 해야만 하는 옳은 것에 대한 요구 앞에 섰을 때 정의나 진리, 바람직함이나 참됨이라는 것보다는 얼마나 쉽게 트루디니스를 선택하는지 잘 보여주는 이야기이다.

어느 율법학자가 예수께 영생을 얻는 방법에 대해 묻는다. 이에 대해 예수께서는 그에게 역으로 성경이 그것에 대해서 어떻게 말하는지 되묻는다. 그러자 그는 기다렸다는 듯이 자신 있게 정답을 말하고, 그 대답을 들으신 예수께서는 그에게 "네가 말한 대로, 가서 그렇게 하라"고 간단히 대답한다. 너무나 싱겁게 끝나버렸다. 그러나 이렇게 시시한 게임은 그 율법학자가 원하던 바가 아니었다. 그가 예수께 찾아왔을 때에 정작 그가 관심을 가지고 있던 것은 "내가 얼마나 잘난 존재인지, 내가 얼마나 저 사람들과는 다른 특별한 존재인지" 드러내고자 하는 것이었다.

그는 문제를 가지고 예수를 찾아왔지만, 사실 이미 정답을 알고 있던 사람이었다. 그 정답대로 실천하는가에 대한 문제를 자문했을 때에도 그는 자신만만했다. 그가 원했던 것은 정답을 알고 싶어 하는 지적 갈증을 해소하는 것도 아니었고, 그 정답대로 어떻게 하면 잘 실천할 수 있는지 보다 좋은 방법에 대한 조언을 받기 위함도 아니었다. 그가 원했던 단 한 가지는 뽐내기였다. 그는 성경에 대해서 똑 부러지게 답변하고 자신이 그것을 다 지키는 완벽한 존재임을 예수라는 유명 인사의 입을 통해서 만방에 확인을 받고 싶었던 것이다. 그러나 그의 전략은 예수의 "네가 맞다. 그럼 그렇게 해라" 하는 허무한 답변으로 인해 실패했다. 그러자 그는 "그럼 누가 나의 이웃입니까?"라고 물으면서 이차 도전을 한다.

그러나 이 율법학자는 자신의 질문에서 이미 허점을 보였다. "누가 나의 이웃인가?"라는 질문, 특히 "자기를 옳게 보이려고"눅10:29 했던 이 질문은 그 이면에 이미 "그렇다면 나의 이웃에 해당하지 않는 사람은 누구인가?"라는 차별의 선을 긋고 있는 질문이다. 이에 대해 예수께서는 율법학자의 심기를 상당히 거스를만한 비유를 하나 던진다.

선한 사마리아인의 비유

한 사람이 예루살렘에서 여리고로 내려가다가 강도를 만나 거의 죽게 되었다. 그 길을 제사장과 레위 사람이 각각 지나간다. 그런데 이 두 사람의 반응은 서로 비슷하다. 그들은 "그 사람을 보고", "피하여", "지나갔다" 눅10:31-32. 그들은 그 사람을 발견했고, 그 사람의 모습을 보고 아마 자신도 그런 위험을 당할 수 있을 것이라 걱정이 되었는지 서둘러 지나간다. 물론 이 두 사람은 이 사람이 죽었다고 생각했을 지도 모르고, 따라서 정결례법에 따라 시체를 만져서는 안 된다는 생각에 그냥 모른 척 지나가버렸을 수도 있다.^{레21:1-2; 겔44:25-27} 17)

그것이 정결례법 때문이든 아니면 각각 자신의 신변에 위협을 감지했기 때문이든 상관없이 이들은 모두 그 어려움을 당한 사람을 못 본 척 지나가버렸다. 그러나 사마리아 사람 하나가 세 번째로 등장하여 이들과 대조되는 행동을 한다. 그는 그 강도만난 사람을 "보고", "측은한 마음이 들어", "가까이 가서", "치료 한다"^{눅 10:33-34}. 이 사마리아인의 행동은 한 사람의 이웃으로서 적절한 것이었다. 예수께서는 먼저 이 사마리아 사람이 강도만난 사람에 대해 어떤 행동을 했는지 말함으로써 이 두 집단의 사람들이 서로 상반된 모습을 보여주고 있음을 강조한다. 세 사람 모두 그를 보았으나 두 사람은 피했고 한 사람은 가까이 간다. 두 사람은 지나가고 한 사람은 치료를 한다.

이 사마리아 사람의 치료 행위는 상당히 구체적으로 묘사되고

반 고흐, 〈선한 사마리아인〉 1890, 암스테르담 국립미술관

있다. 그는 기름과 포도주를 붓는다. 상처를 싸맨다. 자기 짐승에 태운다. 여관으로 데려간다. 자기가 돌보아준다. 자기 돈을 지불하면서 여관 주인에게 부탁을 한다. 추후에 발생할 지도 모르는 예상 비용에 대해 책임질 것을 약속한다[눅10:34-35]. 이 사람은 다른 사람을 살리기 위해 자기의 목숨을 담보로 한다. 왜냐하면 여리고로 내려가는 이 위험한 여행길은[18] 아직 끝나지 않았는데도 그는 만약에 벌어질 위급한 상황을 대비하여 마련했던 구급약을 쏟아 부어 버렸기 때문이다.[19]

이 사람은 다른 사람을 위해 자신의 피곤을 감수해야 했다. 왜냐하면 자기가 타고 가거나 자기 대신 짐을 지고 갈 짐승을 이 사람을 위해 내놓았기 때문이다. 그는 앞으로 먼 길을 가야 할 사람이다. 남은 여행을 위해 먼저 자신의 몸을 챙겨야 하는 사람이다. 그런데 그는 이 사람을 위해 자기의 육신이 피곤해지는 것을 감수했다. 또한 이로 인해 자신의 앞에 놓여있는 먼 여정에 좋지 못한 영향을 미칠 수 있는 이 상황도 자발적으로 받아들이고 있다. 이 사마리아 사람은 강도 만난 사람을 데리고 다행히도 무사히 여관에 이르렀다. 그런데 그는 이 환자를 돌보아주고 있다. 먼 여행을 떠나야 하는 이 사람은 안 그래도 길에서 "재수 없게" 만난 이 사람 때문에 힘들게 걸어왔는데, 그리고 내일 또 먼 길을 떠나야 하는데 쉬지도 못하고 이 사람을 간호한다. 이 사마리아 사람은 알지도 못하는 이 사람을 위해 자신의 건강과 시간과 미래에 미칠지도 모르는 악영향 등 많은 것들을 희생하고 있다.

사마리아 사람은 다음 날 길을 떠난다. 그는 그 길을 떠나면서 두 데나리온을 지불한다. 이 돈을 주면서 부탁을 하는 것으로 보아서 이 돈은 숙박비가 아니라 이 환자들 간호하는 수당으로 지불하는 일종의 추가 비용이다. 사마리아 사람이 이 사람을 길에서 만나지 않았더라면 이 비용은 절약할 수 있었을 것이다. 어쩌면 이 돈이 종자돈의 일부가 되어 더 큰 돈을 모아올 수도 있었을 것이다. 아니면 더 좋은 자리에서 숙박을 하거나 더 좋은 음식을 먹을 수 있었을 것이다. 그러나 그는 뜻하지 않게 만난, 알지도 못하는 이 길동무를 위해 그것들을 포기했다. 뿐만 아니라 그는 돌아오는 길에 만약 발생할지도 모르는 추가 비용에 대해 자신이 책임지겠다고 선언한다. 한마디로 완벽한 애프터서비스이다.

이 비유를 마치고 난 후 예수께서는 이 율법학자에게 이렇게 질문한다. "너는 이 세 사람 가운데 누가 강도 만난 사람에게 이웃이 되었다고 생각하느냐?"[눅10:36] 우리는 이 질문을 눈여겨 볼 필요가 있다. 이 율법학자는 예수께 "누가 나의 이웃입니까?"[눅10:29] 라고 질문한다. 그러나 예수께서 이 질문에 대한 답변으로 하신 이 이야기의 초점은 "누가 나의 이웃인가?"라는 질문과는 다소 벗어나있다. 예수께서 답변으로 해주신 이야기는

"누가 나의 이웃인가?"라는 문제가 아닌, "어떻게 하는 것이 이웃이 되어주는 것인가?"라는 것에 초점이 맞추어져 있다. 이 율법학자가 던진 "누가 나의 이웃인가?"라는 질문에 대한 답변은 이미 강도를 만난 사람으로 이야기 안에 전제되어 있다. 따라서 이 이야기는 이 율법학자가 던진 질문에는 그다지 관심이 없다.

율법학자의 트루디니스

예수께서는 어떻게 해야 나는 이웃이 되어줄 수 있는지에 대하여 이야기를 풀어내었다. 그리고 이 율법학자에게 누가 이웃이 되어 주었는지에 대해 반문을 한다. 예수께서 역으로 던지신 이 질문은 제사장, 레위사람, 그리고 사마리아 사람 가운데 "어떤 사람"을 고르라는 것이 아니라 "어떤 행동"을 선택하라는 질문이다. 즉, 제사장과 레위사람과 사마리아 사람이 각각 보인 행위 가운데서 누구의 행동이 선한 이웃으로서의 적절한 모습인지 말하라는 것이었다. 그리고 이에 대한 답변은 매우 단순하고 자명하다. 당연히 그 사마리아 사람의 행위가 옳은 것이었다.

그러나 당시에 기득권자로서 남들과 차별의 장벽을 쌓던 이 율법학자의 반응은 우리가 기대하던 바와 다소 다르다. 그는 이 질문에 대하여 "그에게 자비를 베푼 사람입니다."라고 말한다. 우리 같으면 아무런 거리낌 없이 "그 사마리아 사람이요." 라고 말할 터이지만, 이 율법학자의 입에서는 그 말이 나오지 않는다. 다만 막연하게 그에게 자비를 베푼 사람이라고 돌려서 말할 뿐이다. 이 율법학자의 답변은 이 사람이 쌓아놓은 차별의 장벽이 얼마나 높은지, 이 사람이 자신과 다른 사람과 자기 자신 사이에 그어놓은 경계선을 넘어서는 것이 얼마나 힘든 것인지 잘 보여주고 있다.

세겜의 그리심 산 정상의 사마리아 현대 회당

이 율법학자가 선뜻 "사마리아 사람"이라고 말을 하지 못하는 것은 사마리아 인이 선하다는 것, 그가 옳다는 "진실, 혹은 사실"을 인정하고 싶지 않은 거부감 때문이다.[20] 어느 누구에게 물어보더라도 정답은 "사마리아 사람"이다. 그러나 이 "사실"은 그의 이해관계 계산법에서 따져보았을 때 도움이 되지 않는 밑진 장사이다. 그래서 이것은 이 율법학자가 애써 외면하고 싶은 정답, 진실이다. 이 이야기로 미루어볼 때 이것은 엄연한 사실 혹은 진실이지만 그는 이것을 진실로 인정하고 싶지 않은, 트루디니스의 기제를 발동시키는 골칫거리이다. 이 사람에게 이 사마리아 사람에 대한 진실이 껄끄러운 문제가 된 것은 오랜 세월동안 내려온 민족적인 앙금 때문이다.

유대 사람과 사마리아 사람 사이에는 예로부터 상당한 악감정의 앙금이 늘 도사리고 있었다. 유대 사람과 사마리아 사람 사이의 갈등은 사실 이스라엘의 비극적인 역사에서 비롯한 것이었다. 이스라엘이 남쪽 유다와 북쪽 이스라엘 왕국으로 갈라져서 서로 대립할 때에 먼저 북쪽 왕국 이스라엘이 아시리아 제국의 침략을 받아 멸망하게 되었다. 그때 아시리아 제국은 이스라엘 백성에 대한 식민지 이주 정책을 썼는데, 그것은 이스라엘 사람들을 아시리아 제국의 영토로 끌고 가서 강제로 살도록 하는 한편, 아시리아 사람들을 데려다가 사마리아 지역에 살도록 한 것이었다.^{왕하17:6-18:12}

사마리아 사람들은 이렇게 역사적 비극 가운데 생겨난 혼혈민족이었다. 그러니 순수 혈통을 주장하는 남쪽 유다왕국 사람들의 눈에는 사람 취급을 할 수 없는 종족이었던 것이다. 후에 남쪽 유다마저 멸망하고 일부가 바빌론 제국의 포로에서 해방되어 유다로 돌아와 성전을 재건하려고 했을 때 유다 사람들은 어려운 상황임에도 불구하고 사마리아 사람들의 도움의 손길을 단호하게 거절하였고, 화가 난 그들은 유다 사람들의 일을 방해하였다.^{에스라 4:1-24} 유다와 사마리아 사이의 민족적 앙금은 예수 시대에까지도 남아 있어서 서로 상종하지 않으면서 비방하는 원수 관계로 지속되었다. 예를 들어, 집회서 저자는 사마리아인을 사람 취급도 하지 않으면서 상당한 반감을 표현하고 있다:

> 나는 두 민족을 혐오하며, 셋째 것은 아예 사람이라고도 할 수 없다. 이들은 세일과 불레셋에 사는 자들이며, 세겜에[21] 거주하는 경멸스러운 족속들이다. - 집회서 50:25-26

이처럼 유다 사람들에게 있어서 세겜 거주민 즉, 사마리아인이라는 민족은 사람의 분류에 넣을 수 없는 민족이었고, 예수께 답변을 해야 하는 이 율법학자 역시 그 유대인 가운데 한 사람이었다. 따라서 이 사람에게 있어서 참된 이웃의 노릇을 해 준 선한 사람이 그 원수 같은 사마리아 사람이라는 것을 자기 입으로 인정하는 것은 죽기보다 싫은 것이었다. 그래서 이 사람이 선택한 답변 방식은 "그에게 자비를 베푼 사람입니다."라는 돌려막기 식 둘러대기였다. 유대인으로서, 그리고 남들과는 질적으로 다른 이 잘난 율법학자가 사마리아인이라고 하는 그 경멸스러운 종족을 받아들이고 그런 사람과 더불어 어깨를 나란히 하는 동료의식을 갖는다는 것은 참으로 어려웠던 것이다.

진실 앞에 솔직히 결단하는 용기

예수께서 선포하시고 실현하셨으며 또한 우리들에게 그런 나라를 만들어서 그런 나라의 시민으로서 살아가라고 하신 그 하나님 나라, 하나님의 통치는 우리들에게 결단을 요구한다. 이러한 요구는 당위적인 요구 즉, 마땅히 해야 하는 바람직하고 올바른 요구요 진리이다. 그러나 사람들은 그 당위적인 명령 앞에서 주저한다. 그것을 진리라고 인정하기를 꺼려한다. 그 이유는 그것이 종종 우리들에게 손해 볼 것을 요구하기 때문이다. 자신이 가지고 있는 것, 지금 내가 누리고 있는 특권을 자발적으로 내려놓고 차별의 장벽을 내 손으로 허물고 더 이상 특별대접을 받지 않겠다는 결단은 하나님 나라로의 부르심에 대한 우리의 응답의 문제이다. 그런데 이것이 이해관계로 얽혀 있는 문제일진대, 과연 과감하게 "우리는 모든 것을 버리고 따랐습니다."^{막 10:28}라고 말할 수 있겠는가?

누가 강도만난 사람의 이웃이 되어주었느냐는 질문을 받았을 때에 "그에게 자비를 베푼 사람입니다."라고 하는 애써 외면하기의 트루디니스적인 태도와 "사마리아 사람입니다."라고 기꺼이 인정할 수 있는 태도 가운데 우리는 무엇을 택할 것인가? 하나님 나라는 이러한 것이라고 예수께서 가르치시고 직접 실천하시면서 우리에게 "너도 그와 같이 하라."고 명하실 때에 우리로 하여금 그것이 당위적인 진리임에도 불구하고 애써 아닌 척 외면하도록 만드는 것은 무엇인가?

예수께서 하신 이 짤막한 이야기는 우리로 하여금 나와 다른 이에 대한 용납이라는 문제에 대해 깊은 반성적 고찰을 하도록 해주는 많은 것들이 담겨있다. 무엇이 이 율법학자로 하여금 그 사마리아 사람을 받아들이지 못하도록 했는가? 다른 이들, 특히 나와 별로 친하지 않거나 내가 그다지 달가워하지 않는, 혹은 나와의 관계에 있어서 앙금이 남아있는 다른 사람들을 나의 이웃으로 받아들인다는 것은 무엇을 의미하는가? 그 장벽을 넘어서기 위해 우리는 어떤 대가를 치러야 하는가? 예수께서 남기신 이 비유를 통해 던질 수 있는 이러한 질문들은 다문화 사회에 처해있는 우리 한국 기독교인들에게 어떤 고민거리들을 남기고 있는가?

예수의 새로운 상호용납 공동체

사라진 꿀벌들

2006년 11월, 미국 펜실바니아 주의 양봉업자인 데이브 하켄버그는 겨울을 나기 위해 플로리다 주로 자신의 꿀벌들을 이주시켰다가 황당한 일을 경험했다. 화창했던 11월 12일 오후, 벌통들을 살펴보던 그는 400통에 이르는 자신의 벌통 가운데서 3분의 2에 해당하는 벌통들이 텅 비어있던 것을 발견했다. 너무나도 어이없는 일이었다. 벌들의 시체는 찾아볼 수 없었으니 벌들이 응애의 공격으로 초토화된 것도 아니었다. 도둑을 맞은 것도 아니었다. 벌들이 흔적도 없이 사라지긴 했지만 벌통들은 그대로 있었으니 말이다. 이 충격적인 사건은 양봉업계에 보고가 되었고, 이러한 현상은 군집 붕괴 현상^{Colony Collapse Disorder, CCD}라는 명칭을 얻었다. 로완 제이콥슨에 따르면 2차 대전 기간에

600만개였던 미국의 벌통은, 2006년 이후로 200만개 이하로 떨어졌다. 그리고 이러한 CCD 현상은 전세계로 번져나갔다.22)

무슨 이유로 하루아침에 엄청나게 많은 벌들이 어디론가 사라지는 것인가? 마치 버뮤다 삼각지에 들어간 비행기나 선박이

흔적도 없이 행방불명된다는 이야기처럼, 한 순간에 벌들이 사라지는 것이다. 양봉업자의 사업을 순식간에 무너뜨리는 이 현상의 원인은 무엇인가? 이러한 현상은 단지 양봉업자들만의 문제가 아니었다. 왜냐하면 벌들이 사라진다면 결국 인간의 삶도 끝나게 되기 때문이다.

학자들은 이러한 어이없고 불가사의한 현상에 대해 나름대로 답을 내놓기 위해 여러 가지 연구를 했다. 학자들이 손꼽은 원인들로는 응애와 같은 진드기의 공격도 있고, 호주산 벌들의 유입으로 인한 이스라엘 급성 마비 바이러스^{IAPV}도 그 가운데 하나이다. 또 어떤 이들은 휴대 전화기에서 나오는 전파가 꿀벌들의 의사소통이나 방향 감각 시스템을 혼란하게 만들어서 결국 이들이 집에 찾아오지 못해서 벌집의 붕괴 현상이 일어난다고

주장하기도 한다. 다른 사람들은 살충제를 탓하기도 한다. 네오니코티노이드라고 하는 니코틴 계열의 성분으로 만든 이미다클로프리드라는 살충제로 인해 벌들이 방향감각을 잃고 일종의 치매 증상을 보인다는 것이다.

그 어느 것 하나 CCD 현상을 확실하게 설명해주는 유일한 해답이 되지 못했다. 그러나 꿀벌 전문가인 로완 제이콥슨은 이러한 요인들이 유일한 원인은 아니라 하더라도 여러 원인들 가운데 한 몫을 담당했다고는 할 수 있다고 말한다. 일종의 다중적 원인이 축적되어 쌓인 스트레스로 인해 벌들이 생명력을 상실하는 것이다. 그는 이러한 스트레스를 보여주기 위해서 미국의 벌들이 얼마나 많은 착취를 당하고 사는지 고발한다.

이전의 양봉업은 벌에게서 꿀을 얻어서 그것으로 수익을 올리는 사업이었다. 그러나 1990년대 이후 양봉업자들은 꿀보다는 벌통 임대업으로 수익을 더 올리기 시작했다. 이것은 농업 방식의 변화와도 깊은 연관이 있다. 농업인들은 대규모 농업 단지를 조성한다. 일정 규모의 농지에 이것저것 섞지 않고, 단일 품목의 농사를 짓는 것이다. 예를 들면 캘리포니아에 가도 가도 끝이 없는 대규모의 아몬드 농업 단지가 조성된 것처럼 말이다. 이렇게 하는 이유는 단 하나, 효율성이다. 일정 규모의 땅에 이런저런 것들을 섞으면 농사짓기도 불편하다. 따라서 미국에는 아몬드, 목화, 옥수수, 밀 등 각종 식물들을 단일 재배하는 방식으로 키운다.

이렇다보니 이것이 양봉업에도 변화를 가져온 것이다. 식물들은 풍매(風媒)에 의해서보다는 충매(蟲媒)에 의해 훨씬 더 많은 수확을 얻을 수 있다. 그리고 모든 매개 곤충 가운데 벌처럼 열심을 내는 곤충도 없다. 따라서 농부들은 비싼 임대료를 내고 꽃이 피는 시기에 벌통을 빌려온다. 해마다 2월이 되면 미국에 있는 벌통 대부분이 아몬드를 위해 캘리포니아로 긴 여행을 한다. 이 사업을 위해서 벌들은 수 천 킬로미터나 되는 먼 길을 트럭에 갇혀서 끌려와야 한다. 그리고 여기에서 매일같이 아몬드 꽃꿀만 먹어야 한다(물론 만들어놓은 거의 대부분의 꿀은 인간들에게 빼앗기지만). 달이 바뀌면 또 트럭에 갇혀서 수 천 킬로미터를 이동해서 매일 사과꽃꿀을 먹어야 한다. 이들이 겨울을 나기 위해 저장한 꿀은 인간들에게 모두 빼앗기고 대신 옥수수 시럽을 먹는다. 그리고 살충제에 찌든 환경에 정신이 몽롱해져서 몸이 무너진다. 인간들이 만든 각종 전자파에 종종 길을 잃고 고생을 하기도 한다. 벌에게 있어서 매일의 삶은 이러하다.

힘이 있고 건강한 벌들은 힘든 상황을 이겨낼 수 있다. 응애는 오래전부터 벌들과 함께 있었고, 벌들은 응애들과 싸우면서 잘 살아남아 별다른 어려움 없이 건강한 집을 만들고 후손들을 낳아 대를 이어왔다. 그러나 인간이 벌들의 세계에 끼어들기 시작하면서 문제가 불거졌다. 사실 인간이 적당히 끼어들었을 때는 아무런 문제가 없었다. 문제는 인간이 지독한 탐심을 가지고 끼어들자 생긴 것이다. 인간들은 욕심을 더 채우기 위해 효율성이라는 미명하에 단일 재배 방식의 농사를 짓기 시작했고, 그 여파는 고스란히 벌들에게 돌아왔다.

로완 제이콥슨은 지금 벌들이 당면한 큰 문제- 이것은 벌들만의 문제가 아니라 인간의 큰 문제가 된다. 왜냐하면 벌들이 사라지면 식량 문제로 인해 인간 역시 몇 년 가지 못해 멸종하게 되기 때문이다 -를 해결하는 가장 우선책으로 그는 다양성을 제안한다. 벌들이 살아남지 못하는 것은 면역 체계의 약화 등과 같이 약해진 생명력 때문이고, 그것은 각종 스트레스와 열악한 삶으로 인한 것이다. 그들의 삶을 피폐하게 만드는 근본 원인 가운데 하나가 바로 단일 재배 방식과 같은 농경방식이다. 그들은 골고루 영양을 섭취해야 하지만, 인간은 더 많은 욕심을 채우려고 한 가지만 고집한다. 그러나 그들에게는 "다양한 서식지, 다양한 생활 방식, 다양한 생물, 그리고 다양한 유전자가 있어야 한다."23)

꿀벌은 옥수수 시럽만 먹고 살 수 없다. 아몬드 꽃꿀 하나만 먹으며 살아서는 건강해질 수 없다. 그들에게 필요한 것은 광활한 아몬드 꽃밭이 아니라 사과꽃과 엉겅퀴꽃, 클로버와 들국화와 온갖 꽃들이 철따라 시간을 나누어 골고루 피어주는 들판이다. 인간의 욕심은 번거롭고 복잡하고 때로는 무질서해보이기도 하는 다양성보다는 깔끔하고 효율성이 높은 획일성을 선호한다. 그러나 획일성은 단기적인 생산성은 높여줄 지는 몰라도 장기적인 측면에서 볼 때 도리어 건강하지 못한 결과를 만든다. 꽃밭에는 예쁜 꽃도 있어야 하지만 잡초도 있어야 하고, 나비나 벌도 있어야 하지만 나비를 잡아먹는 사마귀와 벌을 괴롭히는 응애도 있어야 한다. 이것이 하나님께서 만들어놓으신 자연이다.

열 두 제자단

예수께서는 누가복음의 비유에서 사마리아 사람을 주인공으로 등장시켜서 타인을 용납하고 이웃으로 받아들이는 것이 무엇인지에 대해 넌지시 말씀하시면서 이를 거부하는 율법학자의 독선적 오만과 용납을 거부하는 아집을 꼬집으셨다. 그는 율법학자에게 새로운 하나님 나라 공동체, 그분의 다스리심 아래에 놓인 공동체의 모습이 어떠한 것인지 보여주면서 그 공동체로 초대하는 한편, 자기 자신을 비롯하여 가장 가까웠던 주변 사람들을 가지고 그런 공동체를 구성하였다. 이것을 가장 잘 보여주는 것이 바로 예수께서 구성하신 열 두 제자 집단이다.

공관복음서는 예수께서 열 두 명의 제자[마10:1-4; 막3:13-19; 눅6:12-16]들을 불렀던 일을 전하면서 그 사람들의 이름을 소개한다. 베드로와 그 형제 안드레, 그리고 야고보와 요한은 갈릴리 호수에서 물고기를 잡다가 부르심을 받은 어부들이다[막1:16-20]. 요한복음에 따르면 빌립과 안드레는 세례 요한의 제자였다가 예수의 제자가 된 사람들이다[요1:40-43].24) 마태복음의 저자는 마태를 가리켜 세리였다고 증언한다[마10:3]. 시몬은 가나안 사람이며 이것은 누가의 증언대로 그가 열심당원임을 가리킨다. 그리고 마지막으로 예수를 팔아넘긴 가룟 유다인데, 가룟에 대해서는 여러 가지 학설이 있다.

이 열 두 제자단의 구성은 참으로 가지각색이다. 베드로를 비롯한 어부들은 아마도 배움의 길이가 그리 길지 않았을 것이다. 빌립 같은 사람은 세례 요한의 제자였는데, 세례 요한은 에세네파나 쿰란 공동체와 연관이 있는 사람으로 알려져 있으며,[25] 세례 요한은 메뚜기와 석청을 먹으며 광야에서 외치는, 미치광이 취급을 받던 극단적인 금욕주의자였고[눅7:33], 이스라엘에게 종말이 다가왔음을 고지하면서 회개 운동을 벌였던 종말론자였다. 세례 요한이 광야로 사람들을 불러냈다는 것은 종말론적 시각에서 볼 때 의미심장한 것인데, 왜냐하면 광야는 종말론적 기대와 깊은 연관이 있기 때문이다.[26] 이스라엘 백성들이 이집트에서 탈출하여 메추라기와 만나 등을 통해 하나님의 인도하심과 구원의 행위를 직접 체험한 곳이 바로 광야였기 때문이다. 마태디아스가 다섯 아들과 함께 하시딤들을 이끌고 안티오커스 에피파네스에게 저항운동을 벌였던 마카비 항전도 광야에서 시작한 것이다[마카비I. 2:28-29]. 드다나 유다 역시 이러한 부류 가운데 하나였고[행 5:36-37],[27] 쿰란 공동체도 종말론적 공동체로서 광야에서 집단생활을 하던 자들이었다.

렘브란트, 〈설교하는 세례자 요한〉, 1634-1635
베를린 국립 미술관, 베를린

따라서 한때 세례 요한의 제자였던 빌립 등은 종말론적이고 극단적 금욕주의적 성향을 가진 스승의 영향을 받았을 가능성이 짙다. 세례 요한은 바리새파 사람들과 사두개파 사람들을 향해서 "독사의 자식들"이라는 저주를 퍼부었던 사람이며, 외양으로 나타나는 것이 아닌 열매를 맺는 경건의 삶을 주장했다[마 3:7-8]. 그는 종말론적 심판을 믿었던 사람으로 보인다. 그는 자신의 뒤를 따라 나타날 예수에 대하여 "불과 성령"으로 세례를 줄 것이라고 말하면서 알곡과 쭉정이를 분리하여 열매를 맺지 못하는 것들은 불에 던져 태워버릴 것이라는 말을 통해[마

3:11-12 포용하는 자비보다는 단호한 심판과 정의의 실현을 기대했던 것처럼 보인다. 그러하였기에 그가 감옥에 갇혀 있는 동안 예수의 행적에 대하여 들었을 때 그는 자신의 기대와 다른 모습의 다소 실망스러운 예수를 발견한 것 같다^{마 11:2-3}. 따라서 빌립이 스승 세례 요한의 영향을 받은 자였다면 그는 먹보요 술꾼이라 폄하되던 예수의 제자단에 들어와서 이 새로운 집단과는 이질감을 느꼈을 수도 있는 그러한 사람이었다^{Cf.막 2:18-19}.

비토레 카파치오, 〈마태를 부르심〉, 1502, Scuola di San Giorgio degli Schiavoni, 베니스

예수의 열두 제자단 가운데는 세리였던 마태가 있다. 신약 성경 안에서 세리라는 단어는 많은 경우에 있어서 죄인이라는 단어와 함께 짝을 이루어서 "세리와 죄인"이라는 방식으로 표현된다. 이것은 당시 사회에서 세리가 어떤 취급을 받았던 자인지 잘 보여준다. 바리새인들을 비롯한 유대 지도자들이 예수에 대해 못마땅해 하던 것 가운데 하나도 바로 예수께서 이 세리들

과 더불어 먹고 마시며 어울려 다녔다는 점이었다. 그만큼 세리는 당시 유대 사회에서 차별을 당하는 부류 가운데 하나였고 세리와 죄인은 동격이었다.

당시 세리들은 공동체 가운데서, 그리고 법적인 테두리에서도 멸시와 차별을 당하던 집단이었는데, 그 이유는 이들이 속임수를 써서 남의 것을 빼앗는 악당이라는 인식 때문이었다. 이스라엘 사람들은 세리들이 회개하는 것은 불가능하다고 믿었는데, 왜냐하면 세리들은 많은 사람들을 상대하다 보니 자기가 누구에게서 돈을 뜯어내고 사기를 쳐서 피해를 주었는지 일일이 기억할 수 없고, 따라서 이들에게 보상을 해 줄 길이 없기 때문이라고 생각했던 이유에서였다.[28] 세리들의 손에 들어갔던 돈은 불의한 돈으로 취급되어 빈민을 위해 사용될 수 없었으며, 그들은 그 직업을 유지하고 있는 한 바리새 공동체에서 제명되었다. 또한 그들은 법정에서 증인으로 설 수도 없었다.[29]

이스라엘 사람들의 눈에 보기에 세리들은 동족의 고혈을 빨아먹는 거머리와 같은 존재였다. 로마 제국과 종교 권력에 의해 수탈을 당하고 있던 당시 평민들에게 그들은 잔혹하게 세금 징수를 집행하였고, 그 와중에 "벼룩의 간을 내어먹듯" 자신들의 잇속을 따로 챙기고 있던 자들이었기에 이들에 대한 인식은 당연히 안 좋을 수밖에 없고, 반민족적 행위를 하는 앞잡이 정도로 보였을 것이다.[30] 이러한 취급을 받는 세리 마태가 예수의 열두 제자단 가운데 포함되어있다는 것은 당시 이스라엘 사람들의 눈에도 이 집단이 그리 곱게 보일 수만은 없었을 것이라는 점을 시사한다. 예수께서는 안 그래도 이런 사람들과 어울려 다닌다고 공격과 비난을 받고 있는데, 이에 한술 더 떠서 그런 사람을 제자단에 가입시켰으니 타는 장작에 휘발유를 부어버린 셈이다.

예수의 열두 제자들 가운데 가나안 사람 시몬이 들어가 있는 것도 눈여겨 볼만하다. 가나안이라는 말은 지역을 가리키는 것이 아니라 "열심"이라는 말을 뜻하는 아람어 단어를 헬라어로 음역한 것으로서, 누가가 말하듯이 열심당원으로서의 신분을 가리킨다.31) 이들은 종교적 열심을 뜻하기도 하지만 로마 통치에 대해 반기를 드는 봉기 집단의 의미도 지니는데, 어찌 되었든 이러한 출신 성분의 사람이 세리 출신의 마태와 한 공동체의 구성원이 된다는 것은 참으로 아이러니한 일이다.32)

예수의 제자단 가운데 마지막 사람으로 언급되는 가룟 유다의 출신 성분에 대해서는 가설만 난무할 뿐 확정된 것은 없다. 가룟이라는 것이 단도를 뜻하는 시카리에서 온 것으로서, 그가 반로마 폭력 집단 출신이라는 가설이 있고, 사기꾼을 가리키는 히브리어에서 비롯된 것이라는 가설도 있으며, 혹은 그리욧이라는 지명수15:25에서 비롯된 것으로서 이 지역 출신의 사람을 가리키는 것으로 보는 가설도 있다.33) 그가 반로마 폭력 세력이든 아니면 많은 학자들이 공감하듯이 그저 특정 지역의 출신이든 상관없이, 이 사람은 예수를 배반한 자였다. 그가 왜 예수를 배신하였는지 정확한 이유는 알 수 없으나, 어쨌든 예수의 열두 제자 집단 속에는 스승을 적에게 팔아넘긴 배신자도 포함되어 있었다.

예수께서 구성하셨던 열두 제자단의 모습은 이렇게 가지각색이다. 일자 무식쟁이, 극단적 경건주의자, 종말론자, 독립 혁명가, 반민족적 매국노, 파렴치한 배신자 등 이런 저런 사람들이 모였다. 이런 다양한 배경의 사람들, 특히 전혀 어울릴 수 없는 반대 입장에 놓인 사람들이 열 둘 밖에 되지 않는 이 작은 집단의 구성원이라는 사실은 참으로 이해하기 힘들다. 과연 그들 사이에 칼부림이나 난투극이 벌어지지나 않았는지 모를 일이다. 그런데 예수께서는 힘을 하나로 모아서 사역을 해도 모자를 판에 이런 식으로 제자단을 구성했으니 상식 밖의 행동이다. 그런데 예수께서는 통일적인 획일성에서 나오는 힘보다 다양성에서 나오는 힘이 더 강하다는 것을 생각하였던 것 같다.

획일성과 다양성

통일과 획일성이라는 것에는 상호 용납과 이해라는 것이 있을 수 없다. 금 바깥으로 나가는 행동은 용서할 수 없고, 모난 행동은 정으로 때려서 박아 넣어야 한다. 그러나 다양성은 타인에 대한 배려와 이해 그리고 나와 다른 것에 대한 존중과 인정을 필요로 한다. 무엇을 성취해 내는 것에 있어서 단시간에 최대의 것을 창출하는 상업적 효용성과 생산성은 뒤떨어지겠지만, 다양성에는 창조적 잠재력이 있고 나를 자제하고 상대방을 인정하는 인격적 성숙이 있다.

하나님 나라 즉, 하나님께서 다스리시는 세상은 얼마나 빨리 얼마나 많은 것들을 얼마나 최소한의 투자를 통해 얻어내느냐의 경제성의 문제와는 아무런 상관이 없다. 세상은 누가 행복한 1등인가를 따지지만, 그 나라는 1등과 꼴지의 개념대신에 모두가 행복한지를 묻는다. 세상은 나와 다른 것을 거부하고 모두가 똑같은 제복을 입은 군대처럼 될 것을, 그리고 공장에서 부품 찍어내듯이 1밀리미터의 착오도 없이 똑같이 찍어낸 상품처럼 된 사회를 기대한다. 그러나 하나님께서 다스리시는 세상은 나와 다른 것을 용납하고 너와 내가 다를 수 있다는 것이 통하는 세상, 다름으로 인해서 차별을 받는 것이 아니라 다름으로 인해서 차이가 있다는 것을 인정하는 세상, 그리고 그것을 존중하는 더불어 사는 세상이다.

예수께서 구성하신 열두 제자단의 모습은 이런 차원에서 작은 하나님 나라 모습 그 자체이다. 전혀 어울리지 않는 사람들도 함께 어울려 지내는 공동체, 나와 생각도 다르고 배경도 다르고, 신념도 정치적 노선도 다르고 철학도 다른, 그리고 삶의 방식이나 관습 등 모든 것이 다른 사람을 내 이웃이요 내 동료로 받아들이는 세상을 예수께서는 구성한 것이다.

 중요한 것은 이 작은 공동체가 그저 너는 너이고 나는 나일뿐이라는 무관심의 공동체가 아니었다는 것이다. 나와 다른 이가 있을 수 있다는 것을 인정하는 것과 그들과 더불어 공동체를 구성한다는 것이 서로 다르다는 것을 알아야 한다. 만일 나와 다름을 인정하는 것에 그친다면 거기에는 너와 내가 별개라는 무관심으로 흐를 수 있으며, 이것은 예수께서 생각했던 공동체의 모습은 아니었다. 예수께서는 이렇게 다른 사람들을 모아놓기만 한 것이 아니라, 그들과 함께 힘을 모아서 하나님 나라의 일을 했다는 점을 기억해야 한다. 예수께서 구성하신 제자단은 소극적인 태도 즉, 소가 닭 쳐다보듯 하는 공존이 아니라 너와 나는 다르지만 서로의 다름이 함께 힘을 합할 수 있고, 그것이 아름다운 것을 만들어낼 수 있다는 믿음을 가지고 적극적으로 협력하는 것을 보여주는 것이었다.

 예수의 열두 제자단 구성은 다문화 사회, 더불어 사는 사회에서 살아가는 우리들에게 의미심장하게 다가온다. 이미 우리 사회는 다문화 사회의 모습을 지닌다. 그런데 그늘은 그늘이고 나는 나라는 무관심적인 태도는 진정한 다문화 사회의 모습일 수 없다. 공동체라는 것은 공존의 의미 이상의 것이다. 단순히 "나와 다르게 생긴 사람이 저기 있구나."라는 것이 아니라, 저 사람이 내 이웃 사람이고 나와 이 사회의 모습을 만들어가는 한 구성원이라는 인식이 다문화 사회를 향한 바람직한 인식일 것이다. 이러한 세계관에는 무관심보다는 동료 의식과 협력이라는 가치가 어울린다. 예수께서 구성하신 제자단은 이런 서로 다름과 서로 용납을 넘어서서 서로 협력이라는 모습으로 구성된 집단이었고, 이것이 예수께서 직접 보이고 실천한 하나님 나라, 하나님의 통치가 이루어지는 세상이었다.

4장 예수의 삶

다른 길로 돌아간 예수
내려놓는 삶

나는 신을 위해서 만들어지지 않은 나의 부분에 있어서는 무신론자일 수밖에 없다. 자기 자신의 초자연적인 부분에 아직 눈뜨지 못한 사람의 경우에서는 무신론자가 되는 것이 옳고 유신론자가 되는 것은 잘못이다.

-시몬느 베이유,
『사랑과 죽음의 팡세』

다른 길로 돌아간 예수

완장

    이명박 정권 아래서 역대 문화체육 관광부 장관 중 최장수 장관을 역임한 유인촌씨를 비꼬면서 사람들이 많이 부르던 그의 별명이 바로 "유완장"이었다. <전원일기>에서 서글서글한 양촌리의 용식이 이미지로 서민들의 많은 사랑을 받았던 그가 장관의 자리에 오르자 갑자기 서슬 퍼런 칼날을 휘두르기 시작했고, 그의 행동은 많은 사람들의 반발을 사게 되었다. 그럼에도 불구하고 그는 거침없는 행보를 했고, 결국 진중권의 표현대로 "양촌리 용식이가 완장 찼다"는 비웃음을 사기에 이르렀다.34) 그저 평범하고 다정하기 그지없었던 서민들의 배우 유인촌이 하루아침에 권좌에 오르더니 그 권력에 맛을 들인 탓인지 대중들의 야유와 저항을 많이 당하는 행동들을 연이어 하더니만, 결국 선

배 배우인 최종원 의원으로부터 "너는 나한테 한 대 맞아야겠다."는 말을 공공연하게 듣기까지 했다.35)

"유완장"에게 붙여진 이 "완장" 호칭은 1983년에 출판된 윤흥길의 소설 『완장』에서 비롯된 말이다. 이 소설은 아무런 힘도 없는 동네 건달 임종술이 땅투기로 졸부가 된 최 사장으로부터 이곡리 저수지의 관리인으로 임명을 받으면서 차게 된 완장에 대한 이야기이다. 별 볼 일 없던 종술이는 완장을 차게 되자 마치 이곡리 저수지의 조물주라도 되는 양 동네 사람들에게 온갖 권력의 횡포를 부리기 시작한다. 어린 시절 친구도, 경찰도 그의 눈에 뵈지 않는다. 완장에 지독한 자부심을 갖던 종술이는 결국 그 완장을 채워준 최 사장에게도 절대 권력으로 군림하려드는 지경에 이른다. 이 소설은 사람이 완장을 팔뚝에 두르는 순간 그 절대 권력의 맛에 빠져서 결국 스스로 파멸의 길에 이르는 것을 잘 보여주고 있다. 또한 그 차별적 지위와 권력을 상징하는 완장이 평화로운 인간의 관계와 그 세계를

드라마 〈완장〉, MBC, 1989

어떻게 하루아침에 완전히 파괴시켜버리는지도 보여준다.

길을 막는 사람들에게 날벼락을!

신약성서에도 완장의 파멸적인 힘을 잘 드러내는 이야기가 누가복음에 기록되어 있다. 그 이야기의 제목을 위와 같이 붙여보았다. 정말 말만 들어도 섬뜩한 제목이다. 하지만 이것은 예수의 제자인 야고보와 요한이 예수께 했던 말이다[눅9:51-56]. 어느 날 예수께서 갈릴리에서 예루살렘으로 내려가다가 사마리아 마을로 들어가실 기회가 생겼다. 그래서 예수께서는 먼저 사람들을 시켜서 이제 곧 예수께서 사마리아 사람들의 동네로 들어가시려고 한다는 전갈을 보냈다. 그런데 예수의 계획은 사마리아 사람들에게 보기 좋게 단번에 퇴짜를 맞고 말았다. 이유는 간단하다. 예수께서 지금 예루살렘으로 가시고 계시는 중이라는 것 때문이었다[눅9:53]. 이 답신을 들은 제자 가운데 야고보와 요한 형제가 자존심이 상했는지 예수께 한마디 한다. "주님, 불이 하늘에서 내려와 그들을 태워 버리라고 우리가 명령하면 어떻겠습니까?"

앞서 사마리아에 대해 언급했던 것처럼, 유대인과 사마리아 사람들 사이의 갈등의 골은 그렇게도 깊었다. 순수 유대 혈통과 이방인과 섞인 혼혈 혈통 사이의 싸움은 아주 오랜 세월 동안

레베카 키거, 〈Let the Children Come〉, 2009.

쌓이고 쌓인 세월의 흔적이다. 그러하기에 이것을 하루아침에 없앤다는 것은 어쩌면 철없이 순진한 꿈일지도 모른다. 예수의 제자들이라고 해서 이점에 있어서 예외는 아니었던 것 같다. 사실, 예수의 제자들은 누구보다도 자신들과 남들을 차별하는 데 앞장섰던 사람이었다. 그들은 서로 자기가 남보다 높다고 생각했고, 그래서 자기들끼리도 서로 높은 자리를 차지하기 위해서 "길바닥에서 싸우는" 추태도 부렸던 것이다 막9:33-34.

예수의 제자들은 자기들이 특별한 위치에 있다고 생각하면서 예수께 가까이 오는 사람들을 알아서 "걸러내는" 행동도 했다. 예수의 인기가 날로 더해가고 사람들 사이에서 유명해지자 최측근 인물이라 스스로 생각했던지 어깨가 으쓱해져서 완장을 차고 세도를 부리기 시작한 것이다. 예수께 어린 아이들이 가까이 오자 제자들은 알아서 "애들은 가라"고 길을 막아섰다(막 10:13). 요한은 예수의 이름으로 귀신을 내쫓는 사람을 발견하고는 자기들을 따르는 사람이 아니었기에 그렇게 하지 못하도록 사람을 걸러내는 행동을 했다[눅9:49-50]. 그러고도 자기가 한 일이 아주 당연한 것이라는 양 예수께 와서 자랑스럽게 그것을 말한다.

예수의 제자들은 자기들은 모든 것을 포기하고 예수를 따라온 사람들이기에[막10:28] 어쩌면 그에 어울리는 대우를 받을 자격이 있다고 생각했는지도 모르겠다. 그래서 야고보와 요한은 당당하게 예수께 자기들이 원하는 것을 해달라고 요구를 했고[막10:35], 나머지 제자들도 각각 자기들의 권리를 동등하게 주장했던 것이다[막10:41]. 자기들은 남들과 달리 특별한 사람이라고 생각을 했을 것이고, 그래서 올 사람과 오지 못할 사람을, 할 수 있는 사람과 해서는 안 되는 사람을 자기들이 알아서 걸러낸 것이다. 그들은 스스로 그런 권리가 있다고 믿었을 것이고, 그런 생각을 가지고 있던 사람이었기에 다른 사람들에게 그렇게 행동했던 것이다.

이러한 제자들이었기에 사마리아 사람들이 예수와 자신들의 앞길을 가로막았을 때 상당히 자존심이 상했을 것이다. 모든 사람이 예수 앞에 와서 엎드려 살려달라고 간청을 할 때 제자들은 그 옆에 서서 기분이 상당히 우쭐해졌을 것이다. 그 기세등등한 유대 지도자들조차 시비를 걸러 왔다가 번번이 망신만 당하고 가는 것을 보고, 예수의 제자들은 모든 백성들이 두려워하는 그 높은 사람들조차 눈에 뵈지 않았을 것이다. 그런데 지금 자신들의 앞길에 우습지도 않은 사마리아 사람들이 가로막고 서 있다. 모든 사람들, 심지어 높은 사람들조차 자신들 앞에서 쩔쩔매는데, 보잘것없는 사마리아 족속들이 가로막고 서서 지나가니 못가니 하고 있으니 그 꼴이 영 못마땅하게 보였을 것이다.

　이 사건을 전해주는 누가복음의 본문을 보니 이 제자들의 자존심이 보통 구겨진 것이 아닌 듯하다. '감히 저 같지도 않은 사마리아 것들이….' 하고 생각하면서 화가 치밀어 올랐을 것이다. 그래서 야고보와 요한의 입에서 섬뜩한 저주가 쏟아져 나온다. 하늘에서 불을 내려서 저것들을 다 태워 죽여 버립시다! 이들의 말을 보면 교만이 하늘을 찌를 듯하다. 이들은 하나님에게도 명령을 할 수 있다고 생각한다. 자신들이 원하면 맨 하늘에서 날벼락이라도 마구 쏟아져 내릴 수 있다고 보는 것 같다. 시쳇말로 예수 옆에 좀 따라다니면서 어깨가 으쓱해지더니만 이제는 눈에 뵈는 게 없는 것이다. 그들은 자신들의 잘난 모습에 조금이라도 흠집을 내는 사람들은 용서할 수가 없고, 그들에게는 몇 천 배 몇 만 배로 잔인한 복수를 해주어서 자신들의 권위에 감히 도전하지 못하도록 본때를 보여주어야 한다고 생각했나보다.

완장과 호가호위 狐假虎威

예수의 제자들은 자기들과 다른 사람들이 다르다고, 자기들은 특별하다고 생각했던 것 같다. 남들과 달리 특별한 대접을 받기를 원했고, 스스로 그럴 자격이 있다고 믿었다. 너와 나는 다르다고 하는 그들의 사고방식은 차이가 아닌 차별을 뜻한다. 차이는 동등한 관계를 전제로 하지만, 차별은 우열의 관계를 전제로 한다. 그래서 차이에는 상호존중이라는 것이 있지만 차별에는 권력의 횡포가 있다. 차이를 인정하는 관계에서는 상호용납과 이해를 바탕으로 하는 협력이 있지만, 차별에는 상하관계를 바탕으로 하는 일방적 명령과 금지가 있을 뿐이다. 그리고 그 명령을 거스르는 자에게는 그에 상응하는 대가를 치르도록 한다. 제자들의 눈에 보기에 지금 사마리아 사람들은 감히 주제 파악도 못하고 제자들의 심기를 거스르는 행동을 했다. 내가 지나가겠다면 가는 것인데, 이에 대해 그들은 길을 막아섰고 이것은 제자들이 주장하는 특별대우, 차별의 권리를 무시하는 행위였다. 제자들은 자신들의 무너진 권위, 훼손된 차별의 특권의식을 다시 세우기 위해서 하늘에 명령을 내려서 불로 태워 죽이는 무시무시한 대가를 치르도록, 그래서 본보기로 삼아서 앞으로 그 누구도 감히 그 특별한 차별의 벽을 넘을 생각조차 못하도록 본때를 보여주려 한 것 같다.

제자들이 가지고 있던 특권의식, 그리고 그 특권의식을 노란 완장으로 만들어 팔에 차고 그 권력에 굴복하지 않는 자들에 대해서는 가차 없이 칼날을 휘두르려는 행태는 주제파악을 하지 못하는 어리석음에 근본적인 원인이 있다. 이는 마치 호랑이 앞에서 걸으면서 뭇 동물들이 자기에게 굽실거리도록 만드는 여우의 호가호위狐假虎威와 별다를 바 없다. 뭇

저들의 두려움과 긴장은 과연 저 스물여덟 살짜리 청년에 대한 것일까?

동물들이 굴복하고 벌벌 떠는 그 힘은 여우 자신의 것이 아니라 호랑이에게서 나오는 것인데도 여우는 마치 그 힘이 자기에게서 나오는 것인 양 호랑이를 속인다. 사람들이 환호하고 무릎을 꿇는 것은 예수께 대한 것임에도 불구하고 최측근에서 예수를 따르다보니 제자들은 주제파악을 하지 못하고 마치 자기가 대단한 힘을 가진 양 착각을 하기 시작하였다. 그런 착각 속에 빠져 있다 보니 사마리아 사람들이 보인 행태가 정말로 가소롭기 그지없는 괘씸한 것으로 비쳐졌던 것이다. 그래서 하나님에게 불 좀 보내라고 "명령"을 내려야겠다는 망상까지 하게 되었다.

그러나 이런 세계관을 가진 제자들을 향해 예수께서 보이신 반응은 참으로 그들의 눈에 보기에 허무하다. 저들을 태워 죽여 버리자는 제자들의 씩씩거리는 분노에 찬물이라도 끼얹는 듯, 예수께서는 "그럼 다른 길로 돌아가자."라고 간단히 끝내버린다. 예수께서 택하신 태도는 차별이 아닌 차이였다. 만일 예수께서 차별 즉, "나는 높고 너는 낮으며, 나는 귀하고 너는 천하다. 따라서 내가 명령하면 너는 복종하고, 너는 나의 금을 감히 넘어올 수 없다."는 사고체계를 가지신 분이었다면 이렇게 다른 길로 돌아가자는 말을 하지 않았을 것이다. 그러나 예수께서 가지신 태도는 차이였다. 이것은 "저 사람의 입장에서 볼 때 저렇게 생각할 수도 있다."는 것을 인정하는 것이며, 따라서 내가 지나가고자 하는 권리만큼 저 사람도 가로막을 권리가 있으며, 여기에는 어떠한 우열의 관계가 성립하지 않는다는 것을 받아들이는 것이다. 이것은 제자들로 하여금 자신들이 다른 사람들을 함부로 깔보지 않도록 하는, "너는 결코 다른 사람들보다 위에서 군림할 수 있는 특별한 권한을 가진 대단한 존재가 아니다."라는 "주제파악"을 하도록 요구하신 것이었다. 예수 자신도 직접 그러한 태도를 모범으로 보이셨던 것처럼 제자들에게도 그런 자세를 요구한 것이었다. 그래서 예수께서는 사마리아 사람들의 권리를 존중하였고 뒤로 물러서서 다른 길로 돌아가셨다.

예수께서 이런 태도를 보이게 된 배경에는 예수께서 평소에 가졌던 세계관이 깔려있다. 그것은 앞 다투어 높은 자리를 차지하려고 하며 서로 자신들의 특별한 권리와 권위, 차별을 주장하던 제자들을 두고 하신 예수의 말씀에 잘 나타나있다:

> 너희가 아는 대로, 민족들을 다스린다고 자처하는 사람들은, 그들을 마구 내리누르고, 고관들은 세도를 부린다. 그러나 너희끼리는 그렇게 해서는 안 된다. 너희 가운데서 누구든지, 위대하게 되고자 하는 사람은 너희를 섬기는 사람이 되어야 하고, 너희 가운데서 누구든지, 으뜸이 되고자 하는 사람은 모든 사람의 종이 되어야 한다. 인자는 섬김을 받으러 온 것이 아니라 섬기러 왔으며, 많은 사람을 위하여 자기 목숨을 대속물로 내주러 왔다 (막 10:42-45).

예수께서 가졌던 세계관은 섬김과 낮아짐이다. 이것은 상대방을 용납하는 태도이며 자신의 주제를 파악하고 상대방을 존중하는 것이다. 나와 다른 이에 대해서 "이것은 내 것이니, 남의 나라에 온 너는 곱게 있다가 조용히 가라."는 태도와는 아주 거리가 멀다. 예수께서 보이신 태도는 비록 나와는 모든 것이 다를지는 모르지만, 나와 너 모두는 인격과 동등한 존엄성을 가진 한 사람으로서 서로 존중하고 서로를 받아들이는 자세를 뜻한다.

올바른 다문화 세계를 구성하는 가장 밑바탕 전제는 바로 이러한 태도이다. 나의 특별한 권리를 내세우면서 타인에게 복종과 침묵을 강요하는 것이 아니라, 나와 너 모두가 평등한 존재이며 똑같은 권리를 주장할 수 있다는 것을 인식하는 것이 필요하다. 우리는 다수이고 너희는 소수이며, 우리는 "터주 대감"

이고 너희는 "굴러온 돌"이니, 감히 우리의 자리를 넘볼 생각은 꿈에도 하지 말라는 태도는 예수께서 가르치시고 몸소 보여주신 세계관과는 아주 동떨어진 것이다. 예수께서는 자기를 따르는 자들에게 나는 주인이고 너는 손님이라는 주객, 주종의 관계를 가르치지 않으셨다. 그가 가르치시고 이루려 하신 세계는 모두가 똑같이 평등한 상호 용납의 세계, 차별보다는 차이를 추구하는 세계, 획일적인 효용성보다는 다양성 가운데 숨겨진 화합과 그것의 잠재적 가능성을 볼 줄 아는 세계였다. 함께 어울려 사는 세상, 그 공동체 구성원 한 사람 한 사람에게 요구되는 것은 팔뚝에 두르고 있는 완장을 모두 벗어버리는 것이다.

내려놓는 삶

어느 집에서 살까?

2010년 11월 16일, "승자독식의 자화상"이라는 주제로 방영되었던 KBS의 시사기획 프로그램에서 흥미로운 조사 결과를 보여준 적이 있다.36) 미국 사람을 대상으로 한 실험인데, 사람들에게 두 개의 세상 가운데 어느 세상에서 살 것인지 선택을 하라는 것이었다. 첫 번째 세상에서 우리는 100평짜리의 저택에서 살게 된다. 단, 내 주변의 이웃들은 모두 120평짜리 저택에서 산다. 두 번째 세상에서 우리는 90평짜리의 저택에서 산다. 그런데 내 주변의 이웃들은 80평짜리 저택에서 산다. 물론 이 저택들은 모두 다 좋은 저택들이고, 넓이 이외의 다른 모든 조건들은 똑같다. 자, 여러분은 이 두 세상에서의 삶을 선택하라고 한다면 어느 삶을 선택하겠는가? 흥미롭게도 많은 미국 사람들이 두 번째 세상에서의 삶을 선택했다고 한다. 100평짜리 집이 더 넓은데도 불구하고 그들은 그것 대신에 좀 더 좁은 90평짜리 집을 선택했다. 관리 유지비 같은 다른 조건을 생각하지 않고 순수하게 넓이로만 비교를 했는데, 더 넓은 공간을 포기하고 좁은 공간을 선택했다.

이들이 100평 대신 90평 크기의 집을 선택한 것은 그들이 작은 집을 좋아하거나 공평한 세상이나 환경보호와 같은 사회적 정의를 생각해서 그렇게 한 것이 아니다. 그들은 내 이웃과 비교해 보았을 때 내

저 집들 중에서 어떤 집이 내 집이라면 좋겠는가? 왜?

몫이 큰지 적은지 따져보는 것이었다. 이 실험의 결과가 보여주는 것은 사람들이 행복한 삶에 대한 기준을 어디에 두고 있는지 잘 보여준다. 사람들은 보통 무엇을 선택할 때에 그것의 본질적인 절대적 가치를 보고 선택하기 보다는 상대적 가치를 바탕으로 선택을 한다. 쉽게 말하면, 100평짜리 집이 좋다거나 90평짜리 집이 좋다거나 하는 기준이 아니라, 내가 사는 삶이 주변의 이웃들과 비교해보았을 때 더 나은지 부족한지를 따지는

것이다. 그래서 차라리 적은 90평짜리 집에서 살더라도 남들과 비교했을 때 더 나은 것이므로 100평 저택 대신 90평 저택을 선택하는 것이다. "닭 벼슬이 될지언정 쇠꼬리는 되지 말라."는 속담이 사람들의 이런 마음을 잘 드러낸다.

차별과 행복

사람들은 행복의 기준을 고유적 가치가 아닌 상대적 가치 즉, 비교에 둔다. 그래서 우리는 매일 비교하면서 산다. 남들과 비교했을 때 내가 좀 더 나아보이면 그것을 겉으로 드러내어 자랑으로 떠벌리든지, 혹은 인격을 갖춘(척하는) 교양인으로서 체면상 그리 하지는 못하고 속으로만 은근히 뿌듯해하는 자긍심을 싹틔운다. 행여 남들과 비교하여 내가 부족하다 싶으면 스스로 불행하다고 비관하든지, 나로 하여금 그런 비굴한 마음을 들게 만든 그 사람에게 잘난 척 한다느니, 부모를 잘 만났다느니, 혹은 졸부라느니 헐뜯으면서 보복을 하기도 하며, 자신도 그렇게 되기 위해서 새벽부터 열심히 뛰기도 하고, 노력해도 안 될 때는 종종 손쉬운 방법 즉, 짝퉁으로 치장하여 자신도 "그런 척" 위장 한다.

한 연예인의 경험담이 뉴스에 실린 적이 있다.[37] 그에 따르면 소위 잘 나가는 사람들만 산다는 강남에서 고가 외제차를 타는 사람들 가운데 상당히 많은 사람들이 속빈 강정이라는 것이다. 어차피 사람들은 내가 무슨 차를 타고 다니는지 매일 보고 어느 동네에 사는지만 알지 실제로 내가 사는 집이 어떻게 생겼는지 모르기 때문에, 사람들은 다른 사람들이 보고 나를 평가할 수 있는 것들의 조건만 맞춘다. 그래서 강남의 허름한 월세 방에 살면서 고급 외제차를 몰고 다닌다. 그들은 남들에게 보이기 위해서 과시용 지출을 힘에 겹도록 한다는 것이다. 그러나 그들은 그것을 포기하지 않는다. 왜냐하면 그의 말대로 사람들은 외제 차 타고 3000원짜리 커피 마시면 "사람이 소탈하구나"생각하지만, 차가 나쁘면 "역시 싼 데만 다니네."라고 평가하기 때문이다. 그러고 보면 현대 사회

빌헬름 페데르센, "벌거벗은 임금님", 1848. 안데르센 동화 초판본 삽화.

는 마치 벌거벗은 임금님의 세상에 사는 사람들처럼 보인다. 우리 모두가 이것이 얼마나 허망하며 가식적인 행태인지 잘 알고 있지만 서로 뻔히 알면서도 속이고 속아주며 그 속에서 안달복달 하는 것은, 비교와 차별에서 어쩌다 주어지는 그 달콤한 "잘난 체" 특권의 맛을 잊지 못해서다. 마치 도박꾼들처럼 말이다.

내려놓는 삶

사람들은 이 달콤한 맛을 알기 때문에 "차별"을 고집한다. 마이클 샌델이 존 롤스를 설명하면서 제시했던 "무지의 장막"38) 즉, 내가 앞으로 어떤 집안에 태어나서 어떤 삶을 살게 될지 아무 것도 모르는 백지 상태의 인생 출발 조건을 가정한다 하더라도, 사람들은 여전히 "차별"을 도박한다. 내가 재벌가의 상속자로 태어날 수도 있지만 아프리카 소말리아 난민의 가난한 집에서 태어날 수도 있다. 그러나 사람들은 만일의 경우 즉, 내가 후자의 경우에 속한 사람이 될 수 있음에도 불구하고 전자의 경우에 대한 미련을 버리지 못하기 때문에 "차별"을 고집한다. 모두가 차별이 없고 공평하게 대접받는다면 있는 자가 스스로 가진 기득권을 내려놓아야 하는데, 내가 기득권자로 태어날 경우 아깝게도 많은 것들을 내어 놓아야 하기 때문에 그것은 밑지는 장사로 보이고, 따라서 그 "만약의 로또"에 대한 미련을 버리지 못해서 무한 경쟁으로 "차별이 넘치는" 신자유주의 사회를 주장한다.

선착순과 기득권 사수

사람들은 만일 자신이 조금이나마 기득권에 해당하는 편에 속한 사람이라면 그때부터 그 기득권을 사수하기 위해 잔인해지기 시작한다. 기득권을 가진 나는 주인이 되고 기득권을 가지지 못한 너는 손님이자 이방인으로서 우리 집단에서 소외당하게 된다. 그 차별적 금 긋기의 밑바탕에는 즉, 나는 주인이고 너는 손님, 외국인으로 구분을 짓는 선에는 나의 기득권을 존중해달라는(혹은 사수해야만 하겠다는) 이기적인 욕구가 깔려있다. 나는 여기에서 태어났고, 나는 "순종"이며, 나는 너보다 먼저 이 땅에서 자리를 잡고 살아온 사람인데 반해, 너는 남의 나라 사람으로서 이 땅의 이방인이며 따라서 너의 권리보다 나의 권리가 더욱 우선하고 나는 너보다 더 나은 대접을 받을 자격이 있다는 일종의 "텃새 의식"이 성숙한 다문화 사회를 만드는 길을 가로막는 가장 큰 걸림돌이다.

"텃새 의식"의 기준은 매우 단순하다. 누가 먼저 자리를 잡고 앉아있는가의 문제, 그러니까 일종의 선착순의 기준이다. 이 선착순의 기준에는 수학적 비례 공식이 적용되는데, 먼저 온 순서대로 차별적 대우를 받는다는 것이다. 즉, 가장 먼저 자리를 잡은 으뜸 터주 대감이 제일 많이 차지하고, 그 다음 버금 터주 대감이 둘째로 많이 갖고, 그 뒤에는 버금 딸림이, 그리고 맨 나중에 자리 잡은 꼴찌는 선배들이 다 먹고 남은 찌꺼기를 차지한다. 마치 다큐멘터리 "인류 문명의 기원"에서 원시인들의 삶이나 동물의 왕국 "야생의 서열" 편을 보는 듯하다. 하지만, 과연 우리는 느긋한 토요일 오후, 에어컨의 시원한 바람이 나오는 깔끔한 아파트 거실 소파에 누워 고화질 TV로 다큐멘터리를 보는 문명인으로서 "저 야만스러운 것들"이라고 깔보듯 그런 삶을 논할 자격이 있는지 모르겠다. 왜냐하면 사냥한 얼룩말을 나눠먹지 않을 뿐, 텃새 의식의 기준이나 선후배 순서 등으로, 혹은 최근에는 나이를 떠나 능력별로 줄서기를 해서 순서대로 먹이를 차지하는 것은 그(것)들이나 우리나 마찬가지 아닌가?

물론 이러한 줄서기에는 유치원 시절부터 배워오던 "질서 의식"이 깔려 있으며, 법이라는 이름으로 힘을 갖추게 된 질서라는 것 덕분에 우리 문명인들은 "주먹"을 더 앞세워서 다른 방식으로 줄을 서게 하는 암적인 변종질서의 횡포를 막을 수 있는 최소한의 안전장치를 마련한 셈이다. 따라서 이러한 수학적 비례 공식을 적용하는 선착순 줄 세우기가 반드시 나쁜 것만은 아니다. 그러나 이러한 줄 세우기에는 우리가 경계해야 할 것이 있는데, 그것은 바로 이러한 규칙에 의해 권리 행사 자격을 갖게 된 자 즉, 선착순에서 유리한 자리에 놓인 자들의 차별적이고도 배타적인 특권의식이다. 전통적으로 순수 혈통을 자랑하고 "텃새 의식"이 강한 배경을 가진 한국인들이 바로 이 땅에서 사는 많은 외국인들에 대하여 그런 자격을 갖고 있다고 일반적으로 인식되어 왔다.

선착순 뒤집기

그러나 인간 사회에 있어서 동서고금을 막론하고 당연한 삶의 질서 법칙으로 인식되어 왔던 이 규칙을 예수께서는 뒤집어 놓으셨다. 가난한 자보다 부자가 천국에 먼저 들어갈 것이라는 전통적 신념에 대해 예수께서는 "부자가 천국에 들어가느니 차라리 낙타가 바늘구멍으로 지나가는 것이 더 쉽겠다."고 하셨다[마19:23-24]. 이스라엘 사람들은 자신들이 아브라함의 자손들로서 당연히 하늘나라에 들어갈 것이라고 굳게 믿고 있었지만, 예수께서는 이방인들이 하늘나라에서 천국 잔치를 누리지만 유대인들은 밖에서 쫓겨날 것이라고 말씀하신다[마8:11]. 그들은 자신들이 맏아들로서 가장 먼저 천국에 들어가는 특권을 가졌다고 생각했지만, 정작 예수께서는 그 기득권자들이 그토록 깔보고 무시하는 세리와 창녀들이 먼저 들어갈 것이라는 충격적인 말을 던진다[마21:31].

예수의 이러한 발언들은 당시 유대인들이 가지고 있던 질서를 무시하고 완전히 뒤집어 놓는, 그래서 그들로 하여금 분개하도록 만들 수 있는 것이었다. 그들은 민족적으로나 정치적, 혹은 종교적으로 순수 계통에 들지 못하는 이들이 자신들이 차지하고 있는 그 특권적 영역 안으로 침범하는 것을 도저히 용납할 수 없었다. 그러나 예수께서는 그 질서 법칙을 부정하는 태도를 취하셨고, 그것이 바로 하나님 나라라고 말씀하셨다. 이것을 잘 보여주는 예가 마태복음에 나오는 포도원 품꾼들에 대한 비유^{마 20:1-16}이다.

예수께서 어느 날 비유를 하나 이야기 하신다. 그 비유는 하늘나라가 어떠한 것인지에 대한 것으로서, 포도원에서 일당을 받고 일을 하는 사람들에 대한 이야기이다. 포도원 주인이 아침에 인력시장에 나가서 일당을 계약하고 일꾼을 데려온다. 일손이 모자라서였는지 주인은 아침 9시에 다시 인력시장에 나가

렘브란트, 〈포도원 일꾼의 비유〉, 1637, The Hermitage, 쌍트 페테르스부르크

인원을 보충한다. 그리고 낮 12시, 오후 3시에 각각 또 나가서 일꾼들을 데려온다. 그리고 마지막으로 하루의 일을 마감하기 한 시간 전에 또 나가서 일꾼을 데려온다. 그리고 드디어 6시가

되자 주인은 일당을 지급한다. 오후 5시에 불려온 일꾼에게 하루 치 일당을 지급한다. 이것은 매우 의외의 자선이었다. 겨우 한 시간 일을 한 사람에게 하루 치 일당을 주는 것은 그 누구도 기대하지 않는 파격적인 지급방식이었으니 말이다.

그 모습을 보고 제일 먼저 온 사람들은 은근히 더 많은 일당을 기대한다. 이것은 어찌 보면 당연한 기대일지도 모른다. 1시간 일을 한 사람이 하루 치 급여를 받았다면 12시간을 일 한 사람은 수학적 비례 공식에 따라 12일 어치의 보수를 받을 것이니 말이다. 그런데 어이없게도 주인은 그들에게 똑같이 하루 치 일당을 주고 셈을 끝낸다. 이에 화가 난 처음 일꾼들이 이것은 불공평한 처사라고 불만을 토로한다. 그러나 포도원 주인의 대답은 아주 간단하다. "내 맘이다. 잔말 말고 네 것이나 갖고 가라." [마20:13-14]. 참으로 허무한 대답이다. 내 맘이라니!

그런데 이 비유는 하늘나라에 대한 비유이다[마20:1]. 즉, 하나님의 다스리심이 이루어지는 하나님 나라의 모습이 바로 이러하다는 것이다. 이 나라는 수학적 비례 공식이 적용되는 선착순의 법칙이나 "텃새 법칙"과 같은 인간적인 상식이 통하지 않는, 황당한 계산법이 통용되는 나라이다. 먼저 온 자가 대우를 받고 나중에 온 자는 기득권 주장 순위에 있어서 뒤로 밀려나는 것이 일반적으로 사람 사는 세상의 원리인데, 이 나라에는 먼저 된 자와 나중 된 자의 구분이 없다. 이 나라는 내가 이 터에 먼저 와서 자리를 잡고 있으니 주인 행세를 하고, 너는 나중에 온 이 땅의 이방인이니 너는 입 다물고 얌전히 있다가 조용히 돌아가라는 주장이 통하지 않는다.

아침 6시에 출근한 이 사람들이 분개를 하는 것은 오후 5시에 온 사람들에 대한 자신들의 기득권이 침해를 당했다고 생각하기 때문이다. 내가 12시간 어치 품삯을 받았다면 저 사람들은 한 시간 어치 품삯만 받든지, 저들이 하루 치 삯을 받았다면 나는 12일 어치 삯을 받아야 한다는 것이다. 나와 저들이 받는 임금의 절대적 액수는 중요하지 않다. 이들에게 있어서 중요한 것은 내가 받는 임금과 저들이 받는 임금의 액수가 얼마나 차이가 나는가라는 상대적 액수이다. 즉, 이들이 주장하는 것은 차별이다. 적게 받더라도 저들과 차별이 있다면 문제는 없다. 1억 원을 받더라도 저들과 차별이 없이 모두가 다 1억 원을 받는다면, 그 1억 원은 가치가 없다. 왜냐하면 남들에게는 없는 것이 내게는 있다는 희소성의 가치가 사라지게 되며, 따라서 나의 특권 또한 주장하거나 자랑할 수 없게 되기 때문이다.

날 좀 봐 주세요

이것은 오늘날 한국 사람들이 외제차를 몰고 시내에 나가서 창문은 죄다 열어 놓고 카오디오를 크게 틀어놓는 심리라든지 명품 가방, 명품 선글라스, 명품 시계로 온 몸을 치장하고 시내 한 복판을 활보하는 심리와 같다. 이들이 원하는 것은 아주 단순하다. "날 좀 봐주세요." 이런 사람들은 절대로 인적이 하나 없는 강원도 두메산골에서 그렇게 행동하지 않는다. 이들이 뭇 사람들로부터 시선을 끌고자 하는 이유는 자신들이 자랑하고 있는 것들을 통해 나와 너희들을 차별적으로 구별해주는 그 희소성의 특권을 인정받고 싶어 하기 때문이다. 시내를 활보하는 거의 대다수가 구찌 핸드백을 메고 나오면 이 명품녀의 속은 부글부글 끓어오른다. 그래서 짝퉁 핸드백에 대한 단속을 철저히 해야 한다고 목소리를 높이거나 또 다른 희소성 높은 핸드백을 찾아 메뉴 변경을 한다.

사람들은 자신이 만일 이 특별한 소수 집단에 속하지 않는다면 기를 쓰고 그 집단에 들어감으로써 차별의 서열 세계에서 우위를 점령하고 차별에서 오는 그 달콤한 쾌감을 즐기려고 한다. 이것은 "이웃집 존스씨 따라하기 Keep up with Mr. Joneses"라는 미국 속담에 잘 나타나있다. 옆 집 사람이 무엇을 하면 나도 무조건 따라가야 한다. 만일 그렇게 하지 않으면 나는 이 경쟁 세계에서 도태될 것 같고, 그렇다면 결국 나는 차별의 우위에서 "차별대접"을 즐기는 것이 아니라 그 차별의 그늘 아래에서 신음하면서 "차별대우"를 받아야 할 것 같기 때문이다. 그래서 그 행위가 옳은 것인지 그른 것인지, 과연 나에게 필요한 것인지, 합리적이거나 정의로운 것인지의 문제는 신경 쓰지 않고, "튀지 않으려고" 혹은 "도태되지 않으려고" 무조건 뛴다. 이것은 마치 아프리카 초원에서 평화롭게 풀을 뜯던 얼룩말 무리 중에서 어느 한 놈이 뛰면 모든 무리가 왜 뛰어야 하는지, 어디로 뛰어야 하는지조차 "묻지도 따지지도 않고" 남들 뛰는 대로 무조건 일단 뛰고 보는 "얼룩말의 법칙" 꼴이다.

그래서 진품을 가진 사람들은 자신들의 차별적 기득권을 사수하기 위해서 짝퉁 핸드백을 단속하라고 목소리를 높이는 반면, 그들처럼 되고 싶은 욕망은 크지만 현실적인 능력이 따라주지 못하는 많은 "하층민"들은 짝퉁 핸드백으로 위장하면서 끈질기게 "상층민"들의 바짓가랑이를 붙들고 늘어진다. 그래서 "상층민"들은 특별한 자들로 남기 위해 끊임없이 차별의 무기가 될 만한 새로운 것들을 찾아서 헤매고, "하층민"들은 그것을 또 따라잡거나 흉내 내기 위해서 날마다 기를 쓰고 쫓아다닌다. 이 "차별성" 때문에 모두가 쓸데없는 것에 피곤한 삶을 허비하고 있는 것이다.

예나 지금이나

2천 년 전 포도원 비유나 오늘날 명동 한 복판의 패션 양상이나 그 기본적 원리에 있어서는 다를 바가 하나 없다. 사람들이 원하는 것은 "차별"이다. 자기만이 누리는 그 특권, VIP로 대접 받고 싶은 심리, 다른 사람은 다 줄을 서 있는데 나 혼자 줄을 서지 않고 특별 고객 우선 창구로 직행할 때 활짝 펴지는 어깨와 뻣뻣해지는 뒷덜미, 건장한 사내들이 열어주는 시커먼 고급 승용차 뒷좌석에서 멋지게 나오는 나의 모습. 이 모든 것들은 너희들이 감히 하지 못하는 것을 나는 할 수 있는, 그래서 나는 특별한 사람이라는 차별의식에서 나온다. 스타가 있기 위해서 박수를 쳐주는 팬들이 있어야 하듯이, 이 특권적 차별의 대접을 받기 위해서 사람들은 희생양을 필요로 한다. 그런데 그 희생양들이 "우리는 더 이상 희생하지 않겠어!"라고 말하면서 자신들의 행복 추구권과 신분 상승을 외치면 이 스타들은 자신들이 당연히 받아야 한다고 착각하는 이 특별한 대접을 지키기 위해서 그들의 목소리를 깔아뭉갠다. 마치 6시에 출근한 사람들이 오후 5시에 출근한 사람들의 급여에 대해 따지듯이 말이다. 남이야 얼마를 받든, 자기 받을 것만 받아 가면 되지 않는가? 그러나 그들은 그럴 수 없다. 남의 제사상에 감 놔라 배 놔라 하는 오지랖 넓은 행동처럼 보이지만, 그들에게 있어서 이것은 절대로 남의 이야기일 수 없기 때문이다.

예수께서 말씀하시는 하나님 나라의 모습, 그가 꿈꾸며 이루려 했던 세상의 모습은 이러한 인간적인 셈이 통하지 않는 세상이었다. 누가 주인이고 누가 객인지 차별이 없이, 모두가 똑같이 주인 노릇을 하는 평등한 세상, 단지 늦게 왔다는 이유로, 단지 피부색이 조금 다르다는 이유로, 단지 다른 한국말이 서툴다는 이유로, 단지 태어난 곳이 다르다는 이유로 차별대우를 받지 않는 세상, 이것이 예수께서 꿈꾸셨던 세상이었다. 특권을 주장하고, 특별대우를 요구하고, 나의 잘남을 위해서 다른 사람이 못난이가 될 것을 강요하는 그런 삶의 양태는 이 나라에서는 더 이상 통하지 않는다. 그저 남들보다 더 잘난 사람으로 보이기 위해서 100평짜리 넓은 집을 포기하고 90평짜리 집을 선택해야만 하는 이런 어처구니없는 일이 그 나라에서는 벌어지지 않는다.

그 세상은 소수의 사람만이 행복한 세상이 아닌, 모두가 나란히 행복을 누릴 수 있는 세상이다. 차별이 없기 때문에 차별대접을 받기 위해 치러야 하는 손해도 없고, 차별대접을 누리기 위해 다른 사람들을 억누를 필요도 없으며, 차별대우를 받는 고통도 없고, 다른 사람의 차별대접을 위해서 내가 희생양으로서 고통을 당해야 할 필요도 없다. 그 나라는 경쟁이라는 말보다 화합이라는 말이 더 어울리며, 적자생존이라든지 도태라는 말이 있을 수 없다. 그 나라는 더불어 사는 나라이며, 이 더불어 사는 세상에 걸림돌이 되는 것은 특별대우를 받기 위한 차별 요구인데, 하나님 나라에는 이것이 없다.

5장 초대 교회

초대 교회 이야기

금을 넘어선 초대 교회

우리는 돌아오는 길에 사과랑 과자, 초콜릿, 동전 등을 길가 풀숲에 던져버렸다. 우리의 머리를 쓰다듬어준 것은 버릴 도리가 없었다.

- 아고타 크리스토프,
『존재의 세 가지 거짓말』

초대교회 이야기

디달루스 액션 그룹

영국 남부에는 리 온 더 솔렌트$^{\text{Lee-on-the-Solent}}$라고 하는 작은 마을이 있다. 이 마을은 영국 남부 햄프셔주에 속한 작은 동네로서, 바닷가를 끼고 있는 휴양지이고 또한 영국 공군 기지가 있는 마을이다. 그런데 조용하기만 한 이 작은 시골 마을이 2004년 영국 국민들의 많은 시선을 받은 사건이 있었다. 영국의 제 4 채널 방송은 2004년 5월에 이 사건을 다큐멘터리로 제작하여 대대적으로 방영하기도 하였다. 그저 조용하기만 할 것 같은 이 작은 시골 마을이 전국적으로 유명세를 타게 된 것은 2003년 2월에 영국 정부가 이곳에 난민들이 거처할 수 있는 시설을 만들겠다고 공표한 것 때문이었다. 정부가 이 발표를 하자 마을 사람들은 디달루스 액션 그룹$^{\text{Daedalus Action Group, DAG}}$이라는 것을 조직하여 정부의 계획을 반대하기 시작하였다.

그저 풍경 좋은 조용한 시골 마을에 난민 이방인들이 들어온다는 것이 이들 주민들에게 있어서는 받아들일 수 없었던 것이었다. 이 불청객들이 들어오면 평화롭고 풍광이 좋아 고상하게 삶의 여유를 누릴 수 있는 고급 휴양지라는 이

디달루스 액션 그룹의 시위. BBC News, 2003

마을의 이미지도 실추될 것이고, 그렇게 되면 부유한 관광객의 발걸음도 줄어들 것이기 때문이었다. 또한 그동안 자신들이 누리던 고즈넉하고도 여유로운 삶이 더 이상 불가능하게 될 것이라고 생각하였다. 그래서 이 마을 주민들은 이 난민 시설이 들어오지 못하도록 힘을 규합하여 저항 운동에 들어갔다. 결국 계획 추진 1년 만인 2004년 2월에 영국 행정부는 이 난민 시설 프로젝트를 포기하겠다고 선언함으로써 이 디달루스 액션 그룹 앞에 무릎을 꿇고 말았다. 디달루스 액션 그룹은 승리를 거둔 이후 4년 동안 계속해서 자기 동네에 이러한 "혐오 시설"이 들어오지 못하도록 감시하였고, 더 이상 그러한 징조가 보이지 않음으로써 2008년에 해체되었다.[39]

우리는 이런 현상을 가리켜서 님비 현상[NIMBY]이라고 부른다.

다른 곳은 몰라도 내 뒷마당에는 안 된다는 것, 하려면 다른 곳에 하라는 말이다. 지역 이기주의, 집단 이기주의로 맞물린 이 현상은 우리의 삶의 자리에서 흔히 보는 것들이다. 문화센터, 전철역, 공원, 도서관, 대형 마트, 스포츠 시설 등과 같은 "편의 시설"이 들어서는 것에 대해 주민들은 만세 삼창 쌍수를 든다. 아니, 도리어 이런 것들을 모셔오기 위해서 로비도 마다하지 않는다. 그러나 장애인 시설이 우리 동네에 들어오는 것, 임대 아파트 단지가 우리 동네에 건축되는 것, 화장터나 쓰레기 처리 시설 등과 같은 소위 "혐오 시설"이 들어서는 것에 대해 그들은 시위대 피켓을 든다.

혐오 시설과 편의 시설이 우리 동네에 들어오느냐 들어오지 말아야 하느냐를 판가름 하는 기준은 다양하겠지만 가장 크고도 중요한 기준은 바로 "경제성"의 논리이다. 쉽게 말해서, 혐오 시설이 들어오면 내 아파트 값, 내 땅 시세가 하락하고, 편의 시설이 들어오면 가만히 앉아서 하루아침에 부자가 된다는 것 때문이다. 우리나라에 지난 십 수 년 간 지속되어왔고, 지금도 계속 되고 있는 국민적 병폐 가운데 하나가 바로 부동산 투기인데, 결국 이 부동산 투기의 성패를 판가름 하는 것이 이러한 혐오 시설과 편의 시설의 여부가 아니던가? 님비 현상이라는 것도 결국 "돈"의 문제와 결부된 것이다. 디달루스 액션 그룹이 대대적 집단 이기주의로 똘똘 뭉쳐서 영국 정부의 두 손을 들게 만든 것도 결국 돈 때문이다. 그 이방인들이 들어오면 지역 이미지가 나빠지고 관광 수익도 줄어들고 부동산 가격도 하락할 것이기 때문에 그들은 싸웠던 것이다.

폭탄 돌리기

고상한 표현으로 말하자면 "경제성"의 논리, 보다 솔직하고도 직설적인 표현으로 하자면 인간의 탐욕은 그 인간을 상당히 이기적인 존재로 만든다. 혐오 시설들이 내 뒷마당에 들어서는 것은 혐오하면서 그 혐오 시설이 주는 혜택은 누리려고 하는 이기적인 마음이 님비 현상 이면에 깔려있다. 사람들은 님비 현상 때문에 서로 싸움을 하지만, 누군가는 반드시 그 짐을 떠안아야 하는 문제가 있다. 비록 냄새가 날 수도 있고 그다지 환영을 받지 못하는 화장실이지만 그 화장실 없이 우리는 살아갈 수 없다. 하수처리장이나 쓰레기 처리장이 없다면 온 도시는 엉망진창이 될 터이고, 따라서 그것은 어디가 되었든지 있기는 있어야 한다. 그렇다면 누가 그 짐을 떠안을 것인가?

이러한 문제에 빠졌을 때에 그 "폭탄"은 종종 사회적 약자들에게 돌아가기 마련이다. 삼성의 이건희 회장이 자기 저택 뒷마당에 쓰레기 소각 시설이 들어오는 것을 보고도 가만히 있겠는가? 결국 누군가는 들어야 하는 짐인데, 그것을 누가 들어야 할 것인가? 서로 눈치만 보던 사람들이 묘수를 내는데, 소위 말하는 "당근"을 주는 것이다. 쉽게 말하면, 쓰레기 소각장을 "유치"하는 마을에는 그 대가로

현상 - 너도 나도 이러하다면...

문화 시설 등과 같은 다른 어떤 혜택을 주는 것이다. 그렇다면 누가 그 "혜택"이라는 제안에 귀가 솔깃해지겠는가? 이건희 회장에게 고급 스포츠 센터를 지어줄 터이니 그 대신 당신 뒷마당에 쓰레기 소각장을 만들자고 하면 과연 그가 좋다고 박수를 치겠는가? 그럴 리 없다. 왜냐하면 그에게는 "그까짓" 스포츠 센터는 당근 노릇 하기에는 어림도 없는 것이기 때문이다.

해결책? - 우주선을 이용하라?

결국 폭탄은 그 "당근"에 마음이 흔들릴 수밖에 없는 사회적 약자들에게 돌아간다. 물론 그들도 그 혐오시설을 환영하고 싶은 마음은 없겠지만, 당근

초내교회 이야기

이 주는 그 유혹은 그 혐오시설이 주는 혐오감을 상쇄하고도 남는다. 따라서 그들은 울며 겨자 먹기로 그 혐오 시설을 유치한다. 이건희 회장과는 달리 그들에게 있어서 그 당근은 참으로 하나라도 아쉬운 것이기 때문이다. 그래서 보통 혐오시설은 사회적 계층(계급), 혹은 지방자치 단체 사이의 정치적 경제적 역량에 따라 움직인다. 돈의 힘은 사회적으로 대물림 현상을 만들어낸다. 있는 자들은 더 가지고 없는 자는 더욱 없게 되는 현상 즉, 사회적 계층 격차의 양극화 현상을 만들어 낸다.

인간의 탐욕이 빚어내는 이 현상은 대립적 관계에 놓이게 되는 무리들 사이에서 힘 있는 집단으로 하여금 힘없는 집단을 비인격화 하도록 하는 결과를 만들어 낸다. 나의 이익을 위해서 힘없는 네가 짐을 떠맡으라는 것은 힘없는 자를 나와 동등한 감정과 이성과 욕구를 지닌 동료 이웃으로 보기 보다는 내가 힘든 것을 좀 덜어주는 당나귀 정도로 보게 만든다. 내가 이것을 하는 데 힘이 들고 고통스럽다면 남들도 역시 똑같이 힘이 들고 고통스러울 것이다. 그러나 나의 끝없는 탐욕은 이러한 배려는 생각하지 않게 만든다. 인간애가 넘치는 사람이라면 다른 사람의 고통에 대해서 뿐만 아니라 "잎새에 이는 바람에도 괴로워하면서" 심지어는 하찮다고 여겨지는 미물들의 고통에 대해서도 아파하겠지만, 탐욕은 그러한 인간애를 망각하도록 만든다. 그리고 이웃을 나와 같은 희노애락을 가진 인간이 아닌 나의 쾌락을 만족시켜주고 나의 불쾌감을 대신 덜어줄 물건으로 보도록 만든다.

실험실의 동물

인간의 탐욕은 그것에 대해 무감각해지도록 만들고 때로는 교묘한 수법으로 그러한 탐욕적이고도 비인간화적인 행태를 합리화 하는 방안까지 고안해내도록 한다. 침팬지 연구로 유명한 제인 구달 박사는 미국 순회강연을 하던 중 자신의 생일에 겪었던 한 사건을 이야기 해준다.[40] 그녀가 동물들의 삶에 대해 강연을 하고 있던 중에 어느 한 여인이 일어나서 시비를 걸기 시작했는데, 그 여인은 "동물 실험을 지지하는 사람들" 단체의 회원이었다. 그 여인의 딸은 심장 질환을 앓고 있는데, 그녀는 개 실험 덕분에 자신의 딸이 살아가고 있다고 생각하는 사람이었다. 그래서 제인 구달이 실험실에서 죽어가는 동물들의 삶에 대해 말한 대로 하자면 자신의 딸은 죽었을 것이라고 하면서 분노하였던 것이다. 그때 제인 구달은 그녀에게 과연 그녀는 자신의 딸의 생존을 생각하면서 그 딸을 위해 대신 죽어간 실험실의 개들의 죽음에 대해서 얼마나 어떻게 생각하고 있는지 반문하였다.

제인 구달 박사가 제시하는 이러한 동물 실험의 문제는 인간의 탐욕과 그것의 합리화를 위해 자기 모순적 태도를 보이는 인간의 모습을 잘 보여준다. 우리는 보통 인간의 질병 치료를 위해서 실험실의 동물들은 죽어도 상관없다고 생각한다. 왜냐하면 덕분에 내가 살기 때문이다. 그렇게 보면 나의 생명은 생명이지만 동물의 생명은 생명이 아니다. 따라서 우리는 실험실의 동물들이 실험용으로 태어나서 비참하게 살다가 실험용으로 죽어나가더라도 그것에 대해 전혀 죄의식을 느끼지 않는다. 왜냐하면 인간이 살기 위해서는 어쩔 수 없이 그렇게 해야 하고, 덕분에 인간이 산다는 그 결과에 의해 그들의 죽음이라는 그 수단은 매우 당연한 것으로 여겨지기 때문이다.

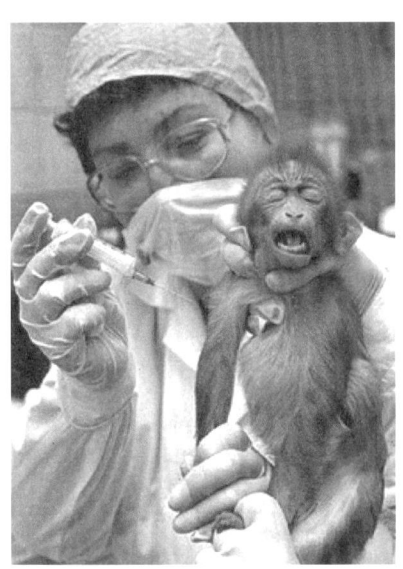

우리는 우리를 위해 죽어가는 많은 생명들에 대해서 얼마나 죄의식을 느끼고 있는가? 우리는 얼마나 그 생명들에게 감사한 마음을 가지고 있는가? 옛날에 인디언들은 사냥을 할 때에 사냥감을 최대한 고통 없이 죽이며, 그 동물을 가리켜 나를 위해 대신 죽은 형제라고 부르면서 그 형제에게 감사한 후에 그 육체를 취했다. 타자 - 그것이 인간이든 동물이든 상관없이 -의 고통에 대해 얼마나 우리는 배려를 하고 있는지 스스로 물어보았을

때, 과연 우리 가운데 얼마나 부끄러움이 없는지 의문이다. 우리로 하여금 고마운 마음은커녕 아무런 죄책감도 느끼지 못하도록 만드는 것은 결국 우리 인간들 내면에 끈질기고도 뻔뻔스럽게 자리를 틀고 있는 지독한 이기심과 탐욕 때문이다. 이 탐욕은 종종 "돈"이라는 가면을 쓰고 이 자연 생태와 동물들을 넘어서 심지어 같은 인간, 우리 이웃에게까지 그 뻔뻔한 손을 함부로 휘두르게 만든다. 그리고 그 결과 나의 이웃은 인간이 아닌 비인격적인 물건이 된다.

"돈이 원수"라는 말이 있듯이, 자고로 돈 때문에 사람들 사이에 못할 짓이 오간다. 2009년 봄과 여름을 뜨겁게 달구었던 평택의 쌍용 자동차 사건 역시 그러했다. 한 솥밥을 먹던 동료끼리 화염병을 던지고 쇠파이프를 휘두르며 전쟁을 벌이도록 만든 것 역시 깊이 따지고 들어가면 돈 때문이다. 돈이라는 밥그릇을 앞에 두었을 때 어제까지 함께 나란히 일하던 동료는 내가 딛고 올라서서 물 밖으로 나와 숨을 쉬도록 도와주는 발판에 지나지 않는다. 갈수록 우리 사회는 돈 앞에서는 부모 자식도, 형제와 친구도 아무런 의미가 없어지는 불행한 사회가 되어가고 있다. 사람과 짐승을 구별해주던 체면과 도리의 경계가 무너지면서 밥 그릇 앞에서 으르렁대는 험한 꼴들이 벌어지는 것을 보면 자못 씁쓸해진다.

밥그릇 싸움과 딜레마

초대 교회에서도 그러하였다. 예수께서 승천하시고 난 이후 예수를 따르던 자들은 부활 이후의 예수 운동을 이어나가기 시작하였고, 그 모습은 공동체의 형성으로 나타났다. 그들은 서로 물건을 통용하면서 예수의 부활을 증언하는 증인 공동체를 만들었고^{행4:32-35}, 그러한 기독교 사회주의적인 행복한 공동체는 아름다워 보였다. 그러나 그러한 천국 같은 모습도 밥그릇 앞에서는 그다지 오래가지 않았다. 흔히 일곱 집사 선출이라는 이야기로 알려진 사건이 바로 그러했다^{행6:1-6.}

예수를 따르는 이들의 수가 점점 늘어나자 어려운 사람을 돕는 일에 있어서 문제가 생겼는데, 들어오는 기부금의 액수는 한계가 있는 반면에 도움을 받아야 하는 사람들의 숫자는 늘어나서 균형이 깨진 것이다. 정해진 물품으로 보다 많은 사람들을 도우려니 도움을 받는 이가 있는 반면 그 도움의 손길에서 뒤로 밀려나는 사람도 생긴 것이다. 결국 이 밥그릇을 놓고 두 패가 싸우게 된 것이다. 그런데 이 두 패가 갈리는 모양새가 참으로 흥미롭다. 사도행전을 기록한 저자는 이 두 패가 그리스말을 하는 사람과 히브리말을 하는 유대 사람임을 밝히고 있다^{행 6:1}.

자, 문제가 생겼다. 도움을 필요로 하는 사람은 여럿인데 도와줄 수 있는 재화는 한정적이다. 누군가는 도움을 받지만 다른 누군가는 그 도움의 손길에서 소외될 처지에 놓였다. 여러분은 이러한 딜레마에 빠졌을 때 누구를 선택할 것인가? 보다 쉽게 예를 들어 설명해보자. 두 사람이 물에 빠져서 허우적댄다. 한 사람은 내 동생이고 다른 한 사람은 내 동생의 친구이다. 한시가 급한 지금 여러분은 누구를 먼저 구하겠는가? 이러한 상황에 처할 경우 대부분의 사람들은 이미 행동으로

A.J. 살터, 〈새끼에게 거미를 먹이는 어미새〉, 2009, 호주 박물관

빤한 답을 내렸을 것이다. 그런데 이제 이러한 상황을 상상해보려니 갑자기 갈등이 생긴다. 과연 내 동생을 먼저 구하는 것이 옳은가? 내 동생을 먼저 구했다면 왜 나는 그렇게 했는가? 내 동생과 내 동생의 친구 가운데 누구를 구할 것인지 그 행동을 위한 판단의 기준은 무엇이었는가?

이러한 유비로써 예루살렘 교회의 사태를 보면 우리는 비슷한 고민을 하게 된다. 당시에 생활이 어려워서 구제를 받아야 할 처지에 있던 사람들은 대개 과부였는데,[41] 지금 그들에게 두

파벌의 과부들이 있고, 그 지도자들은 그들 가운데 선택을 해야 한다. 그런데 그들은 누구를 선택해야 하는가? 또한 그 선택의 기준은 무엇인가? 두 집단 모두 배가 고프다고 칭얼거리는데, 이 한 그릇의 밥을 누구에게 건네주어야 할 것인가? 밥그릇 싸움, 혹은 밥그릇을 앞에 두고 하는 이러한 고민은 사실 그리 쉽지는 않다. 어쨌거나 예루살렘 공동체의 지도자들은 자신들의 행동으로써 선택의 답을 보여주었는데, 그것은 히브리말을 하는 유대인들 편의 과부들 앞에 밥그릇을 놓아둔 것이다.

예루살렘의 지도자들이 이러한 갈등 상황에서 그러한 선택을 하자 그리스말을 하는 유대인들이 히브리말을 하는 유대인들에게 자신들 편에 있는 과부들이 차별대우를 받고 있다고 항의하였다. 예루살렘 지도자들이 이러한 갈등 상황에서 했던 그 선택의 기준은 지역성이었다. 즉, 어려운 사람을 도와주는 데 있어서 지역 출신의 배경을 기준으로 우선순위를 정했던 것이다. 이들이 한정된 재정을 가지고 많은 수요를 채우기 위해 분배를 할 때에 세웠던 기준은 "누가 더 어려운 처지에 있는가?", "어떤 사람이 가장 시급하게 도움을 필요로 하고 있는가?"의 문제가 아니라, "어느 지역 출신인가?"라는 것이었다.

쓰레기 소각장을 어디에 설치할 것인지 서로 공 떠넘기기 실랑이를 벌일 때에 정치 경제적인 사회적 약자들에게 그 짐이 넘어가는 것이 흔한 일임을 이미 지적한 바 있다. 예루살렘 교회에서 과부들을 도와주는 문제에 있어서도 이 연줄이 작용을 한 것 같다. 사회적 약자에 속하는 비슷한 처지에 놓인 어려운 과부들 안에서 조차도 또 다른 집단 내부의 약자가 있었으니 그들이 바로 헬라파 과부들이었다. 혜택을 서로 받기 위해서 경쟁해야 하는 상황에서 도움을 줄 수 있는 능력 있는 사람들의 선택은 이방인 파벌의 계열이 아닌 자신들과 같은 유대인 파벌의 계열 사람들이었다. 헬라파 과부들에게 있어서 이러한 결과는 참으로 눈물겹도록 서러울 일이었다. 가난해서 얻어먹는 처지에 놓인 것도 서글픈데, 헬라파라는 이유로 뒤로 밀려나니 참으로 자존심도 상하고 더럽고 치사한 일이었다. 믿기 힘들겠지만, 이런 차별 대우가 바로 초대 교회 공동체 안에서 벌어졌던 것이다. 가난한 자들에게 마지막으로 남는 것은 자존심이다. 그런데 교회가 바로 그들의 자존심을 건드리는 일을 한 것이다.

누구를, 왜 응원할까?

다시 물에 빠진 내 동생과 내 동생의 친구를 구하는 선택의 기로에 대한 딜레마를 생각해보자. 사람들은 이러한 상황에서 일반적으로 내 동생의 친구보다는 내 동생을 먼저 건져내기 마련이다. 왜 그런 선택을 했는가? 그런 선택의 기준은 무엇인가? 혈연관계에 있기 때문에? 그렇다면 이 두 가지 예를 살펴보자. 올림픽에서 우리나라의 소위 효자 종목이라고 하는 양궁 경기를 생각해보자. 우리나라 선수와 일본 선수가 대결을 펼친다. 여러분은 누구를 응원하겠는가? 또 다른 한 가지 경우는, 결국 어찌어찌 해서 우리나라 선수들이 결승에 오르게 되었을 때이다. 금메달을 놓고 두 명의 한국 선수들이 활을 쏜다. 이 경우 여러분은 누구를 응원하겠는가? 이 후자의 경우 여러분과 그 출전 선수들과의 관계에 따라서 응원 여부가 달라진다. 만일 이 두 선수 가운데 한 선수가 여러분의 친척이나 친구라면 분명히 손에 땀을 쥐고 그 사람을 응원할 것이다. 그런데 이 두 선수 가운데 아무도 여러분과 아무런 친분 관계도 아니고 여러분이 그 선수의 팬클럽 회원도 아니라면, 혹은 이와 정반대로 이 두 선수 모두 당신의 사랑하는 동생들이라고 한다면 소위 말하듯 "아무나 이겨라."고 속 편하게 관전할 것이다.

우리가 딜레마의 상황에서 어느 한 가지를 선택해야만 할 경우, 그 선택의 기준은 종종 나와의 특별한 관계가 된다. 그 관계 때문에 도움을 준다는 것은 그 동안 그 관계의 혜택을 입어왔기 때문 즉, 그동안 내가 신세를 졌기 때문일 수도 있고, 혹시 내가 도움이 필요한 상황에 놓이게 되었을 때를 대비해서 은근한 기대를 하는 일종의 두레-품앗이 계산이 바탕에 깔려있기 때문일 수도 있다. 쉽게 말하면 일종의 거래이다. 무엇이 되었든 일종의 이해관계가 성립되어 있기 때문에 나는 그 사람을 지지하고 응원하고 도움을 준다. 내 동생과 내 동생의 친구를 두고 내리는 선택에서 내 동생을 선택한 것은 이 이해관계의 깊이가 둘 중에서 내 동생이 보다 더 크기 때문이다. 만일 내 동생의 친구와 내가 전혀 알지 못하는 사람 둘 가운데 선택을 한다면 그때에는 내 동생의 친구를 구할 것이다. 왜냐하면 이 2차전에서는 내 동생의 친구가 내가 전혀 모르는 사람에 비해 나와 더욱 깊은 이해관계에 놓여있기 때문이다. 한국 선수와 일본 선수 사이에는 한국 선수가 나와 더욱 밀접한 이해관계에 놓여있다. 그러나 두 명의 한국 선수가 벌이는 결승전에서는 이야기가 달라진다.

이렇게 본다면 도움을 주는 기준이 그 윤곽을 드러낸다. 일반적으로 도움을 주고받는 경우 그 대상 선정의 기준은 나와의 이해관계이다. 누가 더 급하게 도움을 필요로 하는가의 문제가 아니라 누가 나와 더 밀접한 이해관계에 놓인 사람인가라는 질문이 대상 선정의 기준이다. 내가 종종 들어왔고 나 또한 한 때 고민했던 의문 가운데 하나가 이것을 잘 보여준다. 나는 개인적으로 구호단체를 통해서 몇 몇 아동들을 후원하고 있는데 그중 절반이 외국에 사는 아동들이다. 그런데 나의 아내가 나에게 던진 고민 가운데 하나는 우리나라에도 어렵게 살면서 도움을 필요로 하는 아동들이 많은데 왜 외국 아이들을 돕느냐는 것이었다. 약간 문맥은 다르지만 수신제가치국평천하 修身齊家治國平天下 라는 말에, 제 자식 굶어죽는데 남의 자식 퍼 먹인다는 비난에 익

숙한 우리는 이러한 문제로 많은 고민을 했다. 이런 고민들이 한국 교회가 국내 전도와 해외 선교를 하는데 있어서 쏟아지는 비난들 앞에서도 비슷하게 펼쳐질 것이다.

이러한 고민의 기로에 있을 때에 인생의 어려움을 제법 많이 겪어본 나의 누이가 던졌던 한마디가 이러한 고민을 말끔하게 씻어주었는데, 도움을 주는 데 있어서 국적을 따지지 말라는 것이었다. 왜냐하면 사람의 고통에는 국적이 없기 때문이라는 것이다. 바늘에 찔리면 전라도 사람이 아픈 만큼 경상도 사람도 아프고, 이틀을 꼬박 굶으면 한국 사람이 정신이 몽롱해지듯이 아프리카 사람도 그러하고, 사랑하는 자식을 잃으면 내 마음에 대못이 박히듯이 이슬람교도 부모의 가슴에도 무덤이 생긴다. 그 사람이 일본인이든 미국인이든, 기독교인이든 이슬람교도이든, 남한 사람이든 북한 사람이든 누구나 사람은 인간으로서 행복과 고통을 느낀다. 그리고 그 고통과 행복에는 국적이나 피부색, 인종이나 종교가 아무런 상관이 없다.

만일 초대 예루살렘 교회 공동체에서 과부들을 돕는 문제에 있어서 이러한 심경으로 접근을 했더라면 교회 안에서 생겼던 이런 갈등은 미리 막을 수 있었을지도 모른다. 도움을 주는 상황, 혹은 밥그릇을 앞에 두고 누가 차지할 것인지 눈치를 봐야 하는 도움 받는 입장, 이 모든 처지의 경우 우리는 어떻게 행동해야 할 것이며, 그 행동을 위한 판단의 기준은 무엇이어야 하는가? 나의 공동체 구성원들을 바라볼 때에 우리는 그들과의 모든 관계를 이해관계를 그 판단의 기준으로 삼아서 "거래"하지는 않는가? 소위 말하듯 주고받는 관계는 참으로 불안정한 관계이다. 어느 한편이든 한쪽이 삐걱거리기 시작하면 이 관계는 순간적으로 와르르 무너진다. 그래서 이해관계를 바탕으로 거래를 하면 어제의 동지가 오늘의 적이고, 오늘의 적이 내일의 친구가 되는 "철새 정치꾼들"의 행태와 같은 모습을 보일 수도 있다.

로베르토 베니니, 〈인생은 아름다워〉, 1997. 이 영화는 나치의 유대인 학살의 잔인한 생존 투쟁의 현장에서 아들을 살리기 위해 자신의 목숨을 버린 아버지의 사랑 이야기를 담고 있다.

예루살렘 교회의 해결책

인간의 관계를 이해관계라는 것만을 가지고 본다면 즉, 인간의 탐욕이라는 그 지독히 악독한 본성을 바탕으로 다른 사람들을 바라본다면 나의 이웃은 인간이 아니라 물건이 된다. 나의 이웃은 나의 행복(그 행복이 과연 무엇인지 의문이다)이라는 목적 달성을 위해, 그 욕망의 불을 타오르게 하기 위해 이용되는 불쏘시개가 된다. 그 이기심의 범위가 나와 타인이라는 개인적 관계라면 개인적 이기주의이고 우리와 너희들이라는 범주로 넓혀지면 님비현상, 나치의 유대인 학살, 부족이나 국가 간의 전쟁과 같은 집단 이기주의가 되며, 그 관계 범위가 인간과 자연 생태라는 범위로 확장되면 인간 이기주의가 된다. 이 모든 관계의 공통점은 그 대상을 존중하지 않는 우리의 교만함과 인간의 탐욕이 그 속에 도사리고 있다는 것이며, 그 관계는 일반적으로 차별과 파괴라는 모습으로 나타나고, 그 결국은 상생이 아닌 공멸이라는 점에 있다.

예루살렘 교회에서 벌어진 이 사건은 초대 교회 공동체 안에서 부끄러운 자성을 하게 만들었고, 결국 열두 사도들의 회의가 소집되어 이 문제를 해결하게 되었다. 다행인 것은, 이 일을 전담하여 문제를 해결할 일곱 사람을 구성함에 있어서 지역 출신 배경이나 혈연관계로 인한 불이익을 줄이려는 노력의 흔적이 엿보인다는 점이다. 우선, 사도회의는 이들을 선출할 때에는 가룟 유다를 대신하여 열두 번 째 사도를 선출할 때 사용했던 무작위의 제비뽑기 방식[행1:26]을 선택하지 않고 나름대로 상황을 고려하여 이성적으로 생각하면서 뽑았던 것이다.[42]

일곱 명의 사람들 가운데서 스데반과 빌립을 제외한 나머지 다섯 사람에 대해서는 알려진 바가 없다. 그러나 맨 마지막에 언급된 니골라라는 사람이 눈여겨 볼만하다. 누가는 이 사람이 안디옥 출신이며 유대교로 개종한 사람이라고 말하고 있다. 사도행전 6장까지는 아직 기독교 복음이 순수한 이방인들에게 전해지지 않기 때문에 본격적인 이방인 기독교인의 탄생은 찾아볼 수 없다. 그러나 사도행전 2장에서 보듯이 이미 이방인으로서 유대교로 개종한 사람은 드러난다$^{행2:5-13}$. 따라서 유대교로 개종한 안디옥 출신의 니골라가 이방인이라는 의견을 배제할 이유는 없다.43) 또한 이 일곱 명의 사람들이 유대인이든 이방인이든 상관없이 이들 모두는 그리스 이름을 가진 사람들이고, 이것은 초대 기독교 공동체가 편애주의^{favoritism}를 피하려는 노력을 반영한다.44)

이러한 것들을 미루어 볼 때에 초대 교회 공동체는 지역적 배경이나 인종, 혈연적 배경을 가지고 사람들을 차별하는 것이 기독교 공동체에 분열을 일으키는 파괴적인 요소라는 점을 인식하였고, 이러한 장벽들을 신속하게 철폐함으로써 공동체에 닥친 위기를 극복하였다. 누가는 이들이 했던 이러한 노력 덕분에 이 공동체가 위기를 극복하고 도리어 더욱 굳건하게 성장하게 되었음을 증언하고 있다$^{행6:7}$.

인간의 탐욕은 함께 사는 공동체를 파괴한다. 욕심은 타인을 도구로 바라보게 만들며, 결국 비인간화의 현상을 초래한다. 더불어 사는 세상에서는 이기적 욕망이 적이다. 특히 소수에 대해 다수가 횡포를 부린다면 그 소수는 힘없이 당할 수밖에 없다. 그러나 욕망은 끊임없이 타오르는 불길처럼 계속해서 불쏘시개를 원하고, 결국 불쏘시개 노릇하던 그 소수가 다 사라지면 또 다른 구실로 다른 소수를 만들어 불쏘시개로 삼는다. 결국 그 공동체는 야금야금 갉아 먹혀 들어가고 최후의 일인도 쓸쓸하게 자멸하게 됨으로써 그 공동체는 파멸에 이른다. 상생이 살길이라면 탐욕과 싸워야 한다.

금을 넘어선 초대교회

단발령

19세기 말 조선은 열강의 틈바구니 가운데 끼어서 매우 어지러운 나날들을 보내고 있었다. 동서양의 여러 나라들이 서로 한반도에서 이익을 선점하기 위해서 다양한 방법으로 경쟁을 하고 있었고, 이 종잡을 수 없는 거친 물살에서 여러 정치적 파벌들이 서로 그 물결을 타면서 함께 갈등하며 싸우고 있었다. 특히 19세기 말에는 개화 과정에서 일본과 러시아 사이에서 눈치를 보는 경향이 심했는데, 온건개화파에 속하는 김홍집 내각이 정권을 잡고 있던 1895년은 민중의 혼란이 극심하던 때였다. 그 해 10월 8일에 명성황후가 시해당하고 어수선한 상황에서 김홍집 내각의 유길준은 단발령을 내려달라고 고종에게 말하고 고종부터 솔선수범을 보여 달라고 한다. 결국 아무런 힘도 없던 고종은 12월 30일에 태자와 함께 상투를 자르고 단발령을 선포한다.

신체발부 수지부모이며, 이를 지키는 것이 효도의 시작이라고 배워왔던 당시 구한말 조선인들에게 단발령은 너무나 기막힌 일이었다. 단발령이 포고되자 유생들이 일어나 상소를 올렸고 백성들 사이에서도 엄청난 저항이 일어났다. 최익현은 "내 머리를 잘라도 내 머리털은 자를 수 없다."는 그 유명한 말을 남기면서 버텼고, 명성황후 시해사건의 분위

단발령이 내려지자 머리를 깎는 관리인 체두관이 행인을 잡아 머리카락을 강제로 깎는 모습

기를 타고 의병봉기와 같은 극한 항일운동이 일어났다. 국왕과 내각 관료들이 "솔선수범"까지 하고 법령으로 만들어 강제로 밀어붙였지만 결국 정부는 단발령을 철회해야 했고, 유길준은 망명했으며 김홍집은 이듬해인 1896년 광화문 앞에서 백성들에게 맞아서 죽임을 당했다.

요즘은 젊은 남성들이 머리를 길게 하고 다니면 어르신들은 그들이 철이 없다고 하거나 흉측스럽다고 나무랄 정도로 머리를 깎는 것은 당연한 것으로 받아들이고 있다. 머리를 길게 하

든 짧게 하던 개인의 취향이니 뭐라 할 것도 없고, 일반적으로는 그것이 그리 목숨을 걸만큼 중대한 사안도 아니다. 하지만 100년 전에는 그렇지 않았다. 머리를 길게 길어 상투를 틀고 수염을 기르는 것은 오랜 세월동안 내려오던 전통이요 하나의 관습이었다. 그것이 건강과 직결된 문제도 아니었고, 삼손처럼 삭발을 하면 힘을 다 잃어버리는 것도 아니었다. 전통과 관습 그 이상도 그 이하도 아니었다. 그런데 100년 전 조상들은 이것을 목숨과 맞바꿀 정도로 중대하게 여겼다.

사실 머리를 깎고 나면 그리 크게 달라질 것도 없고, 머리를 깎는 데 마취수술을 요할 만큼 신체적 고통이 따르는 것도 아니다. 그런데 머리카락을 기르는 것은 대대로 내려오던 관습이었고, 머리카락을 자르는 것은 가위질 한번이면 족했지만 그 한 번의 가위질이 절벽위에서 몸을 던지는 것만큼 갈등이 되는 것이었다. 단 한 발자국만 나아가면 된다. 그런데 한 발짝 앞에 그어놓은 그 금을 넘어서는 것이 그렇게 힘들었던 것이다. 머리카락을 기르는 남성을 도리어 이상한 사람으로 보는 오늘날 사람들의 시각에서 보면 최익현 같은 사람은 참으로 "쓸 데 없는 데 목숨 거는" 사람처럼 보일 수도 있다. 하지만 그 당시 그들의 입장에서 볼 때는 그 별 것 아닌 것 같은 것이 목숨만큼 대단한 것이었고, 대대로 내려오던 관습과 전통의 울타리를 넘어서는 것은 정말로 대단한 각오가 필요한 것이었다.

내가 깨끗하다 한 것을 더럽다 하지 말라

　사도행전을 보면 이러한 종류의 고민을 한 사람이 있다. 바로 베드로였다. 사도행전은 인물별로 볼 때 크게 두 부분으로 나눌 수 있는데 그 전, 후반을 나누는 기준이 12장이다. 12장 이전에는 주로 열 두 사도 특히 베드로를 중심으로 한 사도들이 주축이 되어 이야기를 이끌고 이후에는 바울이 이야기를 주도해 나간다. 이 구도는 사도행전 주제의 큰 틀을 형성하는 것이기도 한데, 어떻게 복음이 전해지고 그 가운데 하나님의 다스리심이 펼쳐나가게 되었는지 보여주는 것이다. 흥미로운 것은, 베드로와 바울 사이의 바통터치가 이루어지는 부분에 고넬료라고 하는 사람의 일화가 담겨있으며, 이 일화는 사도행전의 이야기를 이어나가는 데 있어서 대전환을 이루는 역할을 한다.

　베드로가 욥바라는 곳에 머물고 있을 때의 일이었다. 그는 그곳에서 지내면서 사람들에게 복음을 전하고 기적을 일으키며 사역을 하고 있었다. 그런데 어느 날 로마의 군인들이 그를 찾아온다. 고넬료라는 로마 군인이 보낸 부하들이었는데, 고넬료는 환상 가운데 천사의 지시를 받아 베드로라는 사람을 불러오라는 명을 받았고, 그래서 그는 그 부하들을 보낸 것이었다. 이로부터 이틀이 지난 후에 베드로에게도 신비한 체험이 일어난다. 한 낮에 무아지경에 빠져있던 베드로에게 하늘로부터 보자기 같은 그릇이 내려오는데, 그 안에 갖가지 짐승들이 있었던 것이다. 그리고 그것을 잡아먹으라는 음성이 들려온다.

베드로는 그 음성에 이렇게 대답한다. "주님, 절대로 그럴 수 없습니다. 저는 속되고 부정한 것은 한 번도 먹은 일이 없습니다." 그러자 베드로에게 "하나님께서 깨끗하게 하신 것을 속되다고 하지 말라."는 하늘의 음성이 들린다. 이런 과정이 세 번 있은 후 그 환상은 사라진다. 그때 고넬료가 보낸 로마 군인들이 베드로를 찾아오고 비로소 이들의 만남이 시작된 것이다. 그리고 베드로는 그 군인들을 따라서 고넬료의 집에 찾아가고, 거기에서 고넬료와 그의 사람들에게 복음을 전한 후 세례를 주게 된다.

도미니코 페티, 〈성 베드로의 불결한 짐승들에 대한 환상〉, 1619. 미술사 박물관, 비엔나

베드로가 보았던 환상은 유대인과 이방인에 대한 관계를 보여주는 일종의 알레고리적 사건이었다. 베드로는 정결례법이라는 것으로 특징지어지는 선민의식을 지닌 유대인들의 모습을 그대로 반영한다. 그리고 하늘에서 내려온 그 짐승들은 유대인들이

바라보는 이방인들의 모습이다. 유대인들은 자신들이 특별한 존재라고 생각을 했고, 따라서 그 외의 이방인들에 대해서는 자신들의 울타리 안쪽으로 결코 들어와서도, 들어올 수도 없는 존재로 여겼던 것이다. 베드로가 그 짐승들을 더럽고 혐오스러운 물건들로 바라보았던 것처럼, 유대인들은 이방인들을 그렇게 바라본 것이다.

베드로와 그릇 속에 담긴 짐승들이라는 형태로 나타나는 한 부류의 인간들과 다른 부류의 인간들, 이 둘 사이에는 넘을 수 없는 장벽이 있다. 그 장벽의 기준은 앞서 우리가 살펴보았던 것처럼 유대사회에 뿌리 깊게 박혀있는 정결이라는 개념이다. 즉, 더러운 것과 깨끗한 것을 구분하려고 하는 습성이다. 그런데 문제는 더러운 것과 깨끗하다고 하는 것을 판가름하는 기준이 무엇인가라는 질문이다. 유대인들이 정결함과 부정함을 가르는 기준은 과거로부터 내려온 전통이며, 그 전통은 인간이 만들어 낸 것일 따름이다$^{막7:1-23\ 참조}$. 인간이 만들어낸 기준이라는 것이 참으로 자의적이고 제멋대로이다. 손을 어느 부위까지 씻어야 정결한지, 어느 그릇에서 어느 그릇으로 물을 옮기느냐에 따라서 정결하게도 되고 부정하게도 된다.45)

신명기 14장에서는 어떤 음식은 먹어도 되지만 어떤 것은 안 된다는 항목들을 나열하고 있다$^{신14:3-20}$. 그러나 거기에 제시된 종류들을 보면 다른 문화권에 사는 오늘날 우리들이 받아들이기에는 힘든 것들이 있다. 그 기준은 참으로 모호하다. 예를 들어 돼지가 부정한 이유는 되새김질을 하지 않기 때문이다. 그러나 정결하다고 하는 것과 되새김질과 무슨 상관이라는 말인가? 물론 이것은 유대인들에게는 상관이 있다. 왜냐하면 그들은 그 기준이 합리적이든 비합리적이든 상관없이 그것을 합리적 기준으로 받아들이고 있기 때문이다. 그러나 한국 사람들에게 이러한 기준은 합리적이지 않으며, 따라서 그것을 받아들이지 않는다.

정결과 부정의 기준은 주관적이다. 따라서 예를 들어, 돼지고기를 먹느냐 안 먹느냐의 문제는 합리적 기준으로 판단할 문제가 아니라 그것은 개인적인 음식 취향의 선호도를 가지고 말할 문제이다. 즉, 옳고 그름의 문제가 아니라 개인적이고도 철저히 주관적인 선택의 문제라는 것이다. 따라서 정결과 부정을 논함에 있어서 개인적 취향의 문제를 상대방에게 강요한다는 것은 바람직하지 않다. 그런데 지금 베드로는 그 자의적 기준 - 전통적으로 내려온 종교적 관습적인 자의적 기준 - 을 절대적 기준으로 내세우려 하고 있다.

이러한 베드로의 기준에 대해 하나님은 그 판단 기준을 새롭게 제시하신다. "하나님이 깨끗하게 하신 것을 속되다고 하지 말라." 베드로에게 있어서 정결과 부정의 기준은 인간적이고도 자의적인 기준이었다. 그러나 전통과 관습에 따라 물려받은 그 인간적 기준은 신적 기준 앞에서 철저히 무너지고 만다. 정결과 부정을 판단하는 기준은 인간에게 있는 것이 아니라 하나님께 있으며, 그래서 지금 하나님은 베드로가 부정하다고 판단한 것에 대해 정결하다고 다시금 판단하신다.

금을 넘어서는 용기

다행히도 베드로는 그 신적 기준 앞에 자신의 인간적인 기준을 내려놓고 그 새로운 기준을 따른다. 그리고 고넬료라는 이방인에게 복음을 전한다. 이 사건은 예루살렘에 있는 유대인들의 귀에 들어가게 되었고, 그들은 베드로의 행동에 벌컥 화낸다$^{행11:3}$. 그러나 베드로의 설명을 들은 이후, 그들 역시 자신들의 인간적인 기준을 포기하고 신적 기준에 복종한다$^{행11:13}$.

당시 예루살렘을 중심으로 한 초대교회 공동체는 여전히 이방인들에 대해서 폐쇄적 입장을 고수하고 있었다. 심지어 베드로조차 그런 세계관에 사로잡혀 옴짝달싹 하지 않으려 했던 것이다. 나와 다른 이들을 받아들이기 위해서는 먼저 나의 주관적 기준을 깨뜨려야 함을 이 이야기는 잘 보여주고 있다. 나는 깨끗하고 순종이며 너는 부정하고 나와는 다른 잡종이니 나와 네가 함께 어울려서도 안 되고 어울릴 수도 없다는 독선적 아집의 성을 무너뜨릴 때 비로소 너와 네가 함께 우리를 만들어 갈

수 있는 것이다. 이것을 가로막는 것은 나는 너와 다른 특별한 존재이며 너와 나 사이에는 이러 이러한 기준에 따라 만들어진 장벽이 있다는 고정관념이다. 그런데 그 기준이라는 것이 참으로 비합리적이고도 주관적인 제멋대로 기준 아닌가? 마치 머리카락을 자르는 것이 불효라는 것처럼 말이다(그렇다면 손톱은 왜 깎는가? 머리카락과 효도가 도대체 무슨 상관이란 말인가?).

사도행전의 이 이야기는 이 비합리적인 인간적 기준을 포기하고 하나님이 제시하는 신적 기준으로 새로운 판단을 했을 때 어떤 일이 벌어졌는지 잘 보여준다. 이 고넬료의 사건은 기독교의 역사 가운데 획기적인 사건이었는데, 왜냐하면 이 사건이 기독교가 했던 최초의 본격적인 이방인 선교 사건이었기 때문이다. 이 사건 이후로 그들은 바울과 바나바를 세워서 나와 다른 민족들을 품고자 그들을 향해 나가는 이방인 선교를 본격적으로 하게 된다. 이전까지 초대 교회가 예루살렘을 중심으로 자기들만의 폐쇄적 집단을 형성했다면, 이 사건 이후로 그들은 이방인들도 자신들의 새로운 하나님 나라 공동체 안으로 초청하기 시작했다. 이 놀라운 태도의 변화에는 기준점의 변화가 있었던 것이다.

다문화 사회를 형성하는 데 있어서 인간적인 판단 기준의 포기와 새로운 기준점 전환은 중요하다. 무슨 기준으로 나와 너를 구분하여 차별하고 배타적 반응을 보이는가? 소위 말하는 외국인 혐오증의 기준은 매우 비합리적이다. 2008년 이래로 헝가리에서는 집시들이 잔인한 연쇄살인을 당하고 이에 대한 보복 살인이 계속 이어지고 있는데, 그 가해자들이 그들을 그렇게 살해한 이유는 매우 단순하다. 나와 다른 인종들이 꼴도 보기 싫었기 때문이다. 나와 인종이 다르기 때문에 죽인다는 것처럼 어처구니없는 일이 어디 있는가? 그러나 아프리카 르완다를 비롯해서 세계 곳곳에서 이런 일들이 버젓이 오늘날 문명사회에서 벌어지고 있는 현실은 어쩌란 말인가? 이방인에 대한 차별과 혐오, 그리고 인종 학살과 같은 극단적 모습에 이르기까지 이런 일들이 자행되는 것은 말도 안 되는 기준 즉, 이방인이라는 이유 때문이다.

더불어 사는 세상을 가로막는 장벽 가운데 하나는 타인, 혹은 타 집단에 대한 비합리적인 배척이다. 어떠한 이유라도 있는 것이 아니라, 시쳇말로 "그냥 싫은 것"이다. 설득력이 있는

김철한 감독, 〈무법자〉, 2010
"묻지마 살인"을 다룬 영화. 이유 없이 죽이는 것인가, 죽여야 했던 이유를 찾고 싶은 것인가?

이유가 없다. 때로는 구실거리를 찾아낸다. 즉, 이런 이유로 미워하는 것이라기보다는 미워하는 자신의 행위를 정당화하기 위해서 이유를 찾아내는 것이다. 비록 사랑하는 데 이유가 없듯이 미워하는 데도 이유가 없다지만, 그래도 함께 사는 세상에서 이유 없이 혐오하고 그래서 극단적인 방법까지 동원하면서 배척한다면 그것은 결코 바람직하지 않다.

그런데 참으로 어처구니없는 것은, 그것이 잘못된 것이라는 것을 이성적으로는 수긍을 하면서도 막상 자신의 태도와 행동을 고치려 할 때 쉽게 나서지 못한다는 점이다. 사실 "이제부터는 그런 마음을 버려야겠다."고 마음만 고쳐먹으면 되는데, 그게 쉽지 않다는 점이다. 마치 베드로가 이방인에 대해 가졌던 생각처럼, 구한말 조선 사람들이 머리카락에 집착했던 것처럼, 지금까지 그것이 당연한 것이라고 생각해왔기 때문에 막상 그것을 고치려고 하니 섣불리 나서기가 쉽지 않은 것이다. 그저 발 한 걸음만 옮기면 되는데, 땅바닥에 아무렇게나 그어놓은 그 아무것도 아닌 금 하나를 넘어가기가 그렇게 두렵고 힘든 것이다.

그러나 그 금을 넘어가기 위해 발걸음을 떼는 용기와 결단이 없으면 더불어 사는 세상은 쉽게 찾아오지 못한다. 나 자신의 사고전환, 나의 가치관 변화는 그것이 오랜 세월 전통과 관습, 그리고 나 자신의 습관으로 축적되어 온 것이라 말처럼 그리 쉽게 되지는 않는다. 그러나 마음만 굳게 먹으면 참으로 쉬운 것이기도 하다. 이 쉽고도 어려운 자기 변화의 용기와 결단이 없다면, 나의 판단 기준이 변화하지 않으면, 이 기준점의 전환이 이루어지지 않으면 절대로 더불어 사는 세상은 건강하게 만들어지지 않는다. 사도행전의 베드로와 초대 그리스도인들은 그들이 이러한 것을 기꺼이 내어놓았을 때 비로소 더 놀라운 세계로 향해 나갈 수 있었음을 잘 보여주고 있다.

6장 바울의 편지

로마서, 용납의 편지
고린도 교회
빌립보 교회

"기적을 경험한 기분이 어떤가요?" 기자가 눈을 반짝이며 물었다.

"정말 알고 싶어요? 가슴이 뜨거워지는 느낌이랄까요. 나 같은 사람은, 그러니까 우리 서민들은 대개 운이 없죠. 안개가 짙게 깔린 도로에서 연쇄 추돌사고를 당하는 것도 우리고, 허름한 여관에서 화재로 목숨을 잃는 것도 우리고, 광우병 걸린 싸구려 소고기를 먹고 인간 광우병에 걸리는 것도 우리고, 공장 석면에 노출되어 죽는 것도 우리거든요. 그런데 복권에 당첨되었다고 하니 기분이 어떻겠어요? 비유를 하자면 그렇다는 거죠. 이해하시죠?"

— 발레리 통 쿠옹, 『운명』

로마서, 용납의 편지

내 월급은 누구의 돈일까?

2011년 1월 17일, 카리브 해의 케이먼 군도에 있는 스위스 은행인 율리시스 바에르 은행에서 일하던 루돌프 엘메르는 디스크 2개를 위키리크스의 어산지에게 보냈다. 그 디스크에는 2천 명 정도 되는 고객의 정보가 들어있다. 이것은 세계의 재계 정치계를 긴장의 도가니로 몰아넣었다. 스위스 은행은 고객의 정보를 기밀로 하는 것에 철저하여 그동안 각종 탈세나 비자금을 은닉하는 곳으로 유명했고, 그래서 전 세계의 이목은 과연 그 명단에 누가 담

루돌프 엘메르

겨있는가에 쏠렸다. 몇 년 전에도 이와 유사한 일로 루돌프 엘메르는 재판정에 선 일이 있었는데, 이번에 다시금 일을 벌인 것이다. 그는 거물급 인사들이 은행의 사생활 보호라는 제도를 악용하여 탈세와 자금세탁 등의 범죄를 저지르는 이 시스템에 도전장을 내민 것이었다.46)

2011년 1월 31일 미국의 플로리다 연방법원의 로저 빈슨 판사는 오바마 정부의 의료보험 개혁법이 위헌이라는 판결을 내렸다. 오바마 대통령은 대통령에 취임하면서 미국의 의료보험을 개혁하여 복지 수준을 높이겠다는 계획을 밝혔는데, 그것은 향후 10년 내로 전 국민이 의료보험에 가입하여서 모두가 의료보험 혜택을 받도록 한다는 것이다. 문제는 비용인데, 그는 6430억 달러 규모의 건강보장펀드를 마련하여 이 개혁을 이루겠다고 하였다. 이 펀드 마련 방법은 이렇다. 반절 정도의 금액은 의료보험회사에게 지급되는 지급

로저 빈슨 판사

비용을 삭감하고 또한 고소득층에 대한 지원 금액을 삭감하는 것으로 충당하고, 나머지 절반 정도의 금액은 고소득 부부의 세율을 현 35%에서 39.5%로 증세하고 그들에 대한 연말정산 환급 금액을 삭감하는 등의 방법으로 충당하는 것이다. 그런데 오

바마 정권의 이러한 개혁안이 거친 저항을 받고 있다. 미국의 26개 주 정도에서 이 개혁안을 반대하고 있으며, 현재까지 플로리다 주와 버지니아 주에서는 이 개혁안의 위헌 판결을 내려서 이 안의 추진이 그리 순조롭지만은 않다.

루돌프 엘메르의 사건과 로저 빈슨 판사의 판결 사건을 살펴보면 소득과 분배에 대한 사람들의 엇갈린 생각들을 살펴볼 수 있다. 스위스 은행은 그가 굳이 말하지 않았더라도 이전부터 전 세계 큰 손들의 자금 도피처로 이미 유명하다. 멀리 갈 것 없이 우리나라의 재벌들의 각종 탈세나 자금세탁의 경우에서도 쉽게 찾아볼 수 있듯이, 부자들은(부자가 아니더라도 대부분의 사람들이 그러하다) 자신의 재산을 세금으로 내놓는 것에 대해서 무척 아까워하며, 그래서 어찌해서든 탈세를 하려고 한다. 그런데 엘메르는 그 꼴을 못 봐주겠다는 것이다. 그가 지적한 대로 탈세는 불법이며 죄악이다. 세금 납부는 당연한 의무이다.

그런데 오바마 정권의 의료개혁 법안에 대한 저항은 어떠한가? 오바마의 의료보험법은 있는 자들에게 거두어서 없는 자들에게 혜택이 돌아가도록 하는 것이다. 그런데 이 법안은 큰 저항을 맞고 있다. 쉽게 말하면 왜 내 돈을 거두어서 남에게 혜택을 베푸느냐는 것이다. 세금에 대한 엘메르와 오바마 정권의 법안에 반대하는 사람들의 생각은 다르다. 엘메르는 있는 자들이 가지고 있는 것을 거두어 가는 것은 마땅한 것이지만, 오바마 정권의 법안에 반대하는 사람들에게 있어서 그런 행동은 일종의 강도행위이다. 내가 열심히 일해서 번 것을 왜 강제로 빼앗아 가는가라는 항의를 하는 것이다. 후자의 경우는 일종의 신자유주의경제 체제의 세계관을 반영하는 것으로서, 나의 소득은 내 것이라는 것이다. 그러나 전자의 입장은 나의 소득이 반드시 내 것이라고 할 수는 없다는 입장을 반영하는 것이다. 즉, 비록 내가 노동을 하여서 받아 낸 정당한 대가이지만, 과연 그것이 순수하게 전부 내 것이라고 말하기에는 너무나도 변수가 많은 것이다.

내가 일해서 벌은 것이 과연 내 것인가? 내가 합법적으로 노동을 제공하고 그 대가로 정당하게 받아낸 소득이라면 그것에 대해 나는 소유권, 점유권을 주장할 수 있는가? 세금을 내는 것이 당연한 의무인가, 아니면 어쩔 수 없이 이행하는 강제적 의무인가? 세금은 궁극적으로 내 것이 아닌 재화에 대해(내 소득의 일부에 국한하여서라도) 점유권을 주장할 수 없기 때문에 당연히 내놓는, 그래서 별로 속상할 것도 없는 당연한 것인가, 아니면 다수에 의해 강탈을 당하는 것인가? 내가 국민의 한 사람으로서 당연히 내야 하는 일종의 부담금이기 때문에 그다지 속상해 하지 않을 수도 있다고(국방, 공공복지 등과 같이 나도 혜택을 보는 부분이 있으니까) 생각할 수도 있지만, 어쨌든 기꺼이 내는 세금이라도 내 것이 아닌 것을 내는 것과 내 것이지만 기꺼이 내는 것은 기본 개념이 다르다.

"내 것"과 "내 것이라고 하는 것"

이 세상에서 사는 동안 우리는 참으로 많은 것들을 소유한다. 법적으로 소유권 등기를 해놓기도 하고, 그것을 합법적으로 보호한다. 그것이 침해 당하게 되면 우리는 법에 호소를 하고 법은 그 권리가 침해당하지 않도록 지켜준다. 그러나 우리가 주장하는 이 소유권이 궁극적인 소유권까지  보장하는 것인지, 그것을 인정하는 것인지는 재고할 필요가 있다. 우리는 이것은 내 것, 저것은 네 것, 혹은 우리 것 등 소유권을 분명히 하고 싶어 한다. 아주 작은 동물들까지도 모두 자기 영역을 표시하고 다니는 것을 보면 소유권, 영역에 대한 권리 주장은 모든 생물들에게 있는 본능일지도 모른다. 법적인 권리 관계를 분명히 하는 것이 나쁜 것만은 아니다. 왜냐하면 살아가는 데 있어서 서로 피곤한 다툼을 피할 수 있고 서로에 대한 행복 추구권을 어느 정도 보호해주는 역할을 하기 때문이다.

그러나 법적인 권리 관계를 분명히 하는 것과 그것이 마치 궁극적으로 내 것이라고 생각하고 주장하는 것은 서로 다른 문제이다. 법정 스님이 유언에서 "내 것이 남아있으면.."이라고 하지 않고 "내 것이라고 하는 것이 남아있으면..."이라고 한 표현은 어쩌면 소유라는 것에 대해 정확하게 간파한 결과일 것이다. 우리는 어떤 것에 대한 나의 소유권, 나의 점유권, 나의 우선권 등과 같은 나의 권리를 주장하는 것에 대하여 바울이 로마 교회에 보낸 편지로써 다시금 생각해 볼 수 있을 것이다. 그의 편지를 살펴보면서 함께 사는 세상에서 우리에게 필요한 세계관은 무엇인지 돌아보는 것도 좋을 것이다.

로마 교회 사건

종교개혁가 마틴 루터 이래로 수많은 사람들의 심금을 울리고 인생의 대전환을 이루도록 해주었던 성경을 꼽으라면 아마도 로마서를 빼놓을 수 없을 것이다. 저 유명한 구절, "오직 의인은 믿음으로 말미암아 살리라!"[47]는 것으로 통하는 개신교의 교리적 표제는 로마서에 대한 각인된 이미지를 오늘날까지 많은 사람들에게 심어주었다. 어떤 수도사적 고행이나 행위로도 해결되지 않던 죄의식이나 죄책감을 한순간에 날려버린 이 구절이 가진 그 놀라운 위력은 어느 누구도 부인할 수 없을 것이다. 또한 위대한 개혁가들인 루터나 존 웨슬리를 무거운 죄 짐에서 해방시켜준 이 말씀이 그러한 기능을 한다는 것을 아니꼽거나 비판적으로만 볼 필요도 없다. 인정하고 싶든 부인하고 싶든 상관없이 그것은 사실이며, 또한 오늘날 많은 사람들에게서도 종종 경험되는 엄연한 현실이기 때문이다.

물론 독일의 신학자 본회퍼가 적나라하게 꼬집고 있듯이,48) "값없이 오직 믿음으로만 얻어지는 의롭다 하심"이 본의 아니게 "값싼 은혜"라는 억울한 감투를 억지로 쓰고 오용되어서 자칫 무책임하고도 비윤리적인 얄미운 기독교인을 양산하는 프로테

이창동, 〈밀양〉, 2007. 미안하다는 말의 값은 과연 얼마일까?

스탄트적인 면죄부 노릇을 하기도 하며, 이에 대해서 로마서는 억울하게도 거기에 사용된 단골 재료가 되었다. 이창동 감독의 영화 〈밀양〉(2007)에서 주인공 신애의 차에 치일 뻔 했던 부부가 그녀에게 퍼붓는 말, "사람 죽이고 미안하다면 나예요!"는 값싼 은혜로 대변되는 오늘날 한국 교회의 보편적인 로마서 활

용 - 오용이라고 하는 편이 더 적절하겠다. - 방식을 꼬집는 가시였다. 어쨌든 로마서에 대한 일반적 이미지는 이와 같이 "오직 믿음으로 말미암는 구원"이라는 구호로 지금까지 내려왔으며, 이로 인해 로마서는 개신교의 신앙고백을 대표하는 일종의 "교리문서"로 받아들여지고 있다.

그러나 이것은 로마서의 모든 모습을 제대로 보지 못하고 한쪽 면만 치우쳐서 바라보는 편협한 이해이다. 로마서는 바울이 로마 교인들에게 보내는 편지글이다. 편지글이라는 말은 그 편지를 받아보는 사람들과 바울 사이에 서로 대화가 오간다는 말이고, 대화라는 텍스트에는 그 대화를 위한 콘텍스트가 있다는 것을 뜻한다. 로마서의 콘텍스트는 서기 49년으로 거슬러 올라간다. 당시 로마의 황제는 클라우디우스였는데, 그의 재임 기간에 로마에서 문제가 생겼다. 수에토니우스^{Suetonius}가 클라우디우스 황제에 대한 기록을 남겼는데 거기에 보면 "그가[클라우디우스] 크레스투스^{Chrestus}의 선동으로 끊임없이 소요를 일으키는 유대인들을 로마에서 쫓아냈다."고 전한다$^{Claudii\ vita,25}$. 49)

수에토니우스가 말하는 크레스투스라는 인물은 예수를 가리킨다. 즉, 로마에 있는 유대인들 사이에서 예수가 메시아인가의 문제를 두고 유대인들과 유대인 그리스도인들 사이에 논쟁이 있었던 것으로 보인다. 과연 이것이 얼마나 큰 소요를 일으킨 것이었는지, 이것이 클라우디우스 황제 재임 9년에 있던 것인지 재임 1년에 벌어진 것인지 논란이 있기는 하지만,50) 어쨌든 클라우디우스 황제의 칙령으로 로마에서 유대인들이 추방당했던 것은 사실로 보인다. 이러한 흔적은 사도행전에 나타나는데, 클라우디우스의 칙령으로 인해 브리스길라와 아굴라 부부가 로마에서 쫓겨나 고린도에 왔으며, 거기에서 바울을 만나게 된 것이다 ^{행18:1-2}.

로마서의 수신자인 로마 교회의 문제는 여기에서 시작한다.51) 로마 교회는 원래 유대인 그리스도인들이 주축이 된 교회였다. 그런데 서기 49년에 클라우디우스 황제의 칙령으로 인해 유대 종교적 전통을 따르던 유대인 그리스도인들이 쫓겨나고 그 로마 교회에는 이방인 그리스도인들만 남게 되었다. 브리스길라와 아굴라를 비롯하여 로마서 16장에 두루 언급된 많은 로마 교인들을 로마 교회를 세우지도, 가보지도 않았던 바울이 아는 것으로 미루어 볼 때 아마도 이 로마 교인들은 이 사건을 계기로 쫓겨나왔다가 바울과 친분을 쌓게 된 사람들로 보인다. 이로부터 몇 년이 흐른 서기 54년, 클라우디우스 황제는 자리에서 물러나고, 한때 쫓겨났던 이 유대인 그리스도인들은 다시 로마 교회로 돌아가게 되었다.

굴러온 돌, 박힌 돌을 뽑아내다

그런데 이들의 귀환은 로마 교회에 문제를 낳게 되었다. 이 유대인 그리스도인들이 자리를 비운 사이 로마 교회의 리더십

이 바뀐 것이다. 그들이 없는 동안 이방인 그리스도인들이 로마 교회를 이끌고 있었고, 이 유대인 그리스도인들은 그 교회에서 더 이상 리더십을 주장할 수 없게 된 것이었다. 유대인 그리스도인들의 입장에서 보면 다소 황당하거나 억울한 느낌을 가질 수도 있을 것이다. 원래 로마 교회는 자신들이 설립한 교회였는데, 불가피한 상황으로 인해 자신들이 자리를 잠시 비운 사이에 큰 역할을 하지 못하던 이방인 그리스도인들이 로마 교회를 채우게 되었고, 따라서 자신들은 졸지에 손님 신세가 되어버렸으니 말이다. 게다가 유대인 그리스도인들과 이방인 그리스도인들은 신앙 노선에 있어서도 차이를 보였기에 이들은 서로 대립각을 세우게 된 것이다.

이방인 그리스도인들은 유대인 그리스도인들이 율법에 얽매인 약한 자들이라고 무시하였고, 유대인 그리스도인들은 이방인 그리스도인들이 함부로 방종 하는 사람들이라고 얕잡아 보면서 서로 반목하면서 배척하였던 것이다. 겉으로는 신앙 노선의 차이로 갈등하지만, 그 이면 깊숙한 곳에는 누가 이 교회에서 주인 행세를 하면서 군림할 것인지의 문제를 가지고 은근히 기 싸움을 하고 있는 꼴이었다. 여기에는 로마 교회에 대한 일종의 소유권 갈등이 있는 것이다. 역사는 발전한다고 했던가? 서로 파벌이 갈려서 교회가 자기의 것이라 서로 주장하면서 법정 다툼을 하고, 상대방의 예배를 방해하기도 하고, 소위 말하는 "용역"들을 고용하여 강제적으로 상대파벌 교인들을 끌어내기도 하

최석운, 에스컬레이터, 1996, 아라리오 갤러리. 건너편 사람들을 향한 저들의 곁눈질의 의미는 무엇일까?

고, 바리케이드를 치고 물대포를 동원하는 등 전쟁터를 방불케 하는 싸움질을 하고 있는 서울의 유명한 모 장로교회의 분쟁은 2천 년 전 로마 교회보다 더 노골적인 것 같다.

이들이 서로 싸움을 하는 데는 여러 가지 명분(적나라하게 말하자면 구실거리)이 있겠지만, 가장 깊은 곳으로 파고 들어가면 결국 치사한 밥그릇 싸움이다. 이 교회가 누구의 밥그릇인가, 누가 교회에서 주인 노릇을 할 것인가, 누가 교회의 배타적 소유권을 행사할 것인가라는 문제가 결국 가장 밑바닥에 깔려있는 문제이다. 겉으로는 고상하게 신앙 노선이 어떠하니, 누가 정통성이 있느니, 누가 더 바람직한 신앙관을 가지고 있느니 떠들어대지만, 양파 껍질 벗기듯 하나씩 속으로 파고 들어가면 그

가장 한 가운데는 결국 알량한 밥 한 그릇이 있다. 그것을 누가 먹을까 서로 눈치보고 기 싸움하는 꼴이다. 로마 교회가 되었든 2천 년 뒤 대한민국 서울의 유명한 대형 교회가 되었든 결국 같은 모양새이다.

그러나 이 진흙탕 싸움의 근본이 되는 질문 즉, 교회는 누구의 것인가라는 질문에 우리는 무엇이라 답하겠는가? 나는 이것이 잘났다느니, 나는 이런 이유로 이것에 대한 권리를 주장할 수 있다느니 하는 말들은 "모든 것은 다 하나님의 것[시24:1]"이라는 한마디 앞에 와르르 무너진다. 교회는(교회뿐만 아니라 모든 것들이 다) 하나님의 것임에도 불구하고 마치 교회를 자신들의 소유권 행사 대상으로 생각하는 이러한 태도는 참으로 하나님 보시기에 한심한 노릇이다. 정작 주인은 따로 있는데 엉뚱한 이들이 서로 자기 것이라고 우기면서 싸우는 모습이 바로 이들의 모습이다. 이들이 이런 한심한 싸움을 하면서 서로를 배척하고 있는 동안 이들은 정작 해야 할 중요한 것을 놓치고 있었다. 그것은 바로 교회로서 반드시 해야 할 선교적 과제를 수행하는 일이었다.

도토리 키 재기

이들의 모습을 본 바울은 그들에게 간곡한 화해의 편지를 쓰는데 그것이 바로 로마서이다. 로마서의 중요한 용어를 꼽으라면 사람들은 보통 "믿음", "칭의" 등을 말한다. 그러나 우리는 쥬엣$^{R.\ Jewett}$이 정확하게 지적한 바, "받아들이라"는 표현과 16장에서 21회에 걸쳐서 반복되는 "문안하라"는 말을 눈여겨보아야 한다.52) 바울은 로마서 첫머리에서 모든 인간들이 죄에서 자유로울 수 없으며, 이방인이든 유대인이든 상관없이 모두가 하나님의 진노 아래 놓여서 죽음에 이르게 되었다고 말한다. 서로 헐뜯고 비방하던 로마 교회의 이방인과 유대인들에게 적절한 지적이었다. 그들은 상대방에게 자신의 대단함을 내세우면서 자신의 리더십 아래에 복종할 것을 요구하였고, 상대방에게 서로 텃새를 부리고 있었다. 자신이 왜 주인 노릇을 해야 하는지 이유를 내세우면서 서로 자신의 우월함과 정통성을 자랑하고 있던 두 집단의 로마 교인들에게 바울의 지적은 충격이었을 것이다: "너희가 잘났다고 위세를 부리며 상대방을 무시하고 텃새를 부리고 있지만, 너희들이 내세우는 것은 너희를 구원하지 못하는 아무 소용없는 것이며, 너희 둘 다 아무 것도 아니다!"

바울은 오직 하나님의 은혜로 구원을 얻을 수 있다는 것을 말함으로써, 이들이 상대방을 억누르고 자신을 내세우는 데 사용했던 그 자랑거리들을 한 순간에 쓰레기로 만든다. 어느 누구도 교만할 수 없고, 잘난 척 하면서 상대방을 바깥으로 밀어낼 수 없다. 그들이 지금까지 의지하면서 내세우던 것들은 사실상 아무 소용도 없는 것이었기 때문이다. 바울은 이제 그들로 하여금 자랑하지 못하게 하면서 오직 하나님의 은혜에 의지하는 겸손을 취할 것을 요구한다. 이전에 자랑하면서 서로를 배척하던 태도를 벗어버리고 이제 겸손하게 서로를 용납하면서 그리스도 안에서 화해하는 새로운 삶을 요구한다.

그리고 쓸데없는 것으로 서로를 미워하면서 배척하지 말고 은혜 가운데 거하는 새로운 삶을 사는 사람들의 모임으로서 그 교회의 사명을 잘 감당할 것을 요구한다. 이것을 위해서 바울이 그들에게 던져준 과제는 바로 바울이 계획하고 있던 스페인 선교였다(롬15:22-24). 이것이야말로 교회가 진정으로 존재하는 이유이며 교회가 해야 하는 본질적 기능이다. 그동안 로마 교회는 서로 텃세를 부리면서 자리다툼을 하고 있었기에 정작 교회가 가져야 할 본질을 놓치고 있었다. 바울은 로마 교인들에게 다시 정신을 차리고 정상적인 교회로 돌아올 것을 요구한다. 바울이 로마서 말미에 거듭해서 말하는 "문안하라"는 말은 서로를 형제요 자매로서 맞아들이는 것을 뜻한다. 쥬엣이 그의 로마서 주석에서 말하듯이, 이것은 사랑의 잔치로 서로를 환영하라는 것을 말한다.

"태초부터 네 것은 하나도 없었다."

바울이 로마 교인들에게 보낸 편지는 더불어 살아가는 오늘날 한국 사회에게 적절한 가르침을 전해주고 있다. 로마 교회의 문제가 그러했듯이 사회에서 벌어지는 갈등은 결국 세력 다툼, 주도권 다툼의 문제이다. 누가 더 유리한 고지에 있느냐, 누가 주인 행세를 하고 누가 다스리느냐, 누가 더 많이 차지하느냐의 문제이다. 특히 외국인들과의 관계에 있어서 이런 문제는 더욱 노골적이다. 한국에 거주하는 외국 사람들이 2009년에는 120만에 달한 상태이다. 적지 않은 한국 사람들은 이 통계를 접하면서 일종의 위협감을 느낄 것이다. "저 이방인들이 야금야금 우리의 것을 먹고 들어온다!" 더욱 이방인들이 늘어나고 그렇게 되면 순수 혈통의 백의민족 한국의 "성골"들은 수적 열세에 놓이게 되며, 저 이방인들이 조금씩 밀고 들어와서 결국 이 사회는 전복될 것이라는 위협을 느끼는 것이다.

그러나 바울이 이러한 한국의 다문화 사회에서 벌어지는 불안한 마음들을 본다면 우리에게도 똑같은 말을 할 것이다. "서로 용납하라!" 바울의 제안은 이 작은 사회에서 서로 한 자리라도 더 높고 힘 있는 자리를 차지하기 위해서 기득권 아귀다툼을 벌이는 우리들에게 의식 수준을 높일 것을 요구하는 따끔한 일침이기도 하다. 어떻게 해서든 내 자리를 지켜내려고, 더욱 내 것이라고 우기면서 내 손에 꼭 움켜쥐려고 버둥대는 이 치졸한 싸움에서 그리스도인이라면 그런 진흙탕 싸움에서 뛰쳐나오라고 외칠 것이다. 그러한 것들이 결코 우리를 행복하게 해주지 못하며 우리를 구원하지도 못한다는 것을 기억하라고 할 것이다. 네가 자신의 것이라고 생각하는 것들이 사실은 네 것이 아니라고, 모든 것은 하나님의 소유이며, 그분의 손에 달려있다고, 따라서 우리가 의지할 것은 내 적을 밀어내기 위해 갈고닦은 힘이 아니라 하나님의 은혜라고 말할 것이다. 도리어 우리의 눈

이 세상에서 내 것이라고 자신 있게 말할 수 있는 것은 과연 무엇이 있을까? 박광수, 〈광수생각〉, 2000

을 높여서 서로 용납함으로써 교회가 마땅히 취해야 할 본연의 모습으로 돌아오라고 말할 것이다.

　더불어 사는 사회를 이루는 데 가장 먼저 필요한 것, 그것은 먼저 우리 자신이 별 볼일 없는 존재라는 사실을, 남들을 무시하고 세를 과시하지만 사실 그것은 하나님 보시기에 어쭙잖은 것이라는 사실을, 내 것이라고 생각하고 움켜쥐려 하지만 엄밀히 따지고 보면 내 것은 하나도 없다는 사실을, 따라서 우리가 그것에 의지하여 나와 다른 이들을 괴롭히고 몰아낼 때 그것이 얼마나 부끄러운 짓인지 직시하는 것이다.

고린도 교회

고린도에서 온 손님

　서기 55년 경, 어느 날 바울에게 고린도에서 몇 명의 손님이 찾아온다. 그들은 몇 년 전 바울이 고린도에 있을 적에 세웠던 교회의 사람들이었다. 그들은 고린도 교회에서 요즘 벌어지는 일들에 대하여 바울과 이런 저런 이야기를 나눈다. 교회 안에 있는 음행의 문제, 교인들끼리 법정 소송을 하는 문제, 결혼과 독신에 대한 문제, 우상에게 드려졌던 음식을 사먹는 문제, 예배 의식의 문제 등 다양한 이야기들이 오갔고, 바울은 이런 문제를 정리하여 고린도 교회에 편지를 보낸다. 이 편지가 바로 고린도전서이다.
　그런데 바울이 고린도 교회에서 온 글로에 편 사람들에게서 들은 소식 가운데 첫 번째로 조언을 해주고 있는 것은 바로 교회 안에 있었던 다툼의 문제였다^{고전1:10-17}. 고린도 교인들은 지금 서로 계파를 나누어 싸우고 있다. 그들은 바울 파, 아볼로 파, 베드로 파, 혹자는 이도 저도 아니고 그리스도 파라고 하면서 분열을 조장하고 있었다. 이들이 이런 이름을 붙인 것이 과연 그들의 정신을 따른 것 즉, 바울 파라고 했을 때 바울의 가르침을 본받아 진심으로 그를 추종하여 그렇게 했는지, 아니면 자신들의 이익을 위해서 그리했는지는 의문이지만, 피(G. Fee)가 지적하듯이, 확실한 것은 바울이 자신의 이름으로 파를 만들었다고 해서 그런 모습을 반기고 있지 않다는 점이다.53)

왜 고린도 교회에는 이런 파벌의 문제가 생겨났을까? 사람들이 사는 곳에는 어디나 편을 갈라서 끼리끼리 어울리는 현상이 비일비재하지만, 고린도 교회의 경우는 도를 넘어선 것 같았고, 결국 바울도 한마디 거들 수밖에 없게 된 것 같다. 위에서 나열했던 것처럼 고린도전서를 보면 사실 오늘날 그리스도인들이 생각해도 좀 납득하기 어려운 난감한 일들이 고린도 교회 안에 벌어지고 있다는 것을 알 수 있다. 이 모든 문제가 생긴 배경은 바로 고린도라는 도시의 특성이 크게 작용했다.

고린도는 그리스-로마 문명의 중심지 가운데 하나였다. 이 도시는 각종 희랍 철학의 영향으로 정신적인 것을 물질적인 것 위에 두는 사조가 있었고, 이로 인해 물질이나 육체적인 것에 대해서 방종의 모습을 가질 수 있는 분위기에 처해 있었다.54) 단적인 예로, 이 도시를 상징하는 신이 미의 여신인 아프로디테였다는 사실은55) 이 도시가 육체적인 생활에 대해서 어떤 풍조

옛날 고린도 유적지. 뒤편에 높이 솟은 아크로고린도 언덕에는 아프로디테 여신의 신전이 있었다.

로 만연해 있었을 것인지 쉽게 짐작하게 도와준다. 오늘날 영어에서 고린도적^{Corinthian}이라는 말이 성적인 방탕함의 의미를 담고 있다는 점도 이와 연결된다. 이 도시는 문화와 철학, 예술에 있어서도 발달했었고, 기원전부터 성행하여 기원후 4세기까지 이어졌던 이스미안^{Isthmian} 축제는 이 도시의 전체적 분위기가 어떠했는지 가늠하게 해준다.56)

고린도라는 도시는 철학과 각종 문명이 발달한 도시였고, 이와는 어울리지 않게 육체적 쾌락으로 흐드러진 도시였다. 고린도 교회는 이러한 세속 가운데 머물면서 이러한 풍조에 물들었던 교회였다. 니버가 제시했던 문화와 그리스도와의 관계에 있어서 고린도 교회는 세상의 문화를 변혁시키는 그리스도와는 도리어 정반대의 위치에 놓였던 교회였다. 그래서 고린도 교회 안에는 고린도적인 문화가 그대로 반영되어 있었다. 그리고 지금 고린도 교회 안에서 생긴 파벌과 분파의 문제 역시 이러한 고린도적 문화의 영향에 기인한 것이었다.

나만 따르라!

바울은 고린도 교회에 파벌이 생겨나 서로 다툼이 벌어진 것의 궁극적인 원인이 바로 그 교회 교인들이 세속적 풍조를 따라서 서로 자신의 잘남을 내세우며 교만해졌던 것에 있다고 보았다. 그래서 바울이 "여러분은... 모든 면에서 곧 온갖 언변과 온갖 지식에 풍족하게 되었습니다."$^{고전1:4}$라고 말할 때 사실 이것은 고린도적 문화의 영향을 받아 "똑똑이들"이 된 고린도 교인들의 교만을 비꼬는 것이었다. 그러나 그들은 진정한 "똑똑이들"이 아니라 "헛똑똑이들"이었고, 따라서 바울의 표현대로 그들은 성숙한 어른인 것처럼 보이지만 사실은 "단단한 음식을 감당할 수 없는" 어린아이 같은 사람들이었다$^{고전3:2}$. 왜냐하면 그들은 서로 파벌을 나눠 시기하고 다툼을 일삼고 있었기 때문이다$^{고전3:3}$. 스스로를 똑똑하고 잘난 사람이라고 생각했기에 그들은 마치 자기들이 왕이라도 된 듯이 다른 사람들을 무시하고 자기들의 힘을 과시하려고 하였다$^{고전4:3}$. 그들은 자신들이 하나님으로부터 받은 선물이 원래부터 자기 것인 양 자랑을 하며 도리어 그것을 가지고 다른 사람들을 무시하며 차별하고 억누르는 데 사용하고 있었다$^{고전12:12-31}$.

고린도 교회 안에 분열이 일어나고 파벌이 생겨 서로 상대방을 무시하고 자기만을 내세우려는 문제는 그들 안에 도사린 교만이었다. 자기만 잘나야 하고, 자기가 대접 받아야 하며, 자기 목소리만 들려야 하고, 남들은 나에게 박수를 쳐주기 위해서 존재한다는 그러한 오만하고 독선적인 사고방식이 결국 "나만 따르라!"는 식의 공동체 내의 갈등을 조장한 것이었다. 이러한 고린도 교인들에게 바울은 어떠한 태도를 취해야 할 것인지 자신의 예를 들어 말하고 있다. 그는 자신이 마땅히 주장할 수 있는 것들을 포기하고 기꺼이 남들을 위해서 자기 자신을 그들에게 맞춰가는 희생과 자기 비움의 본을 보였다^{고전9:1-27}. 그는 성숙한 그리스도인이라면 자기 목소리를 높이고 자신의 기득권을 주장하기 보다는 도리어 상대방을 배려하고 그들을 위해 기꺼이 자신의 권리를(궁극적인 의미에서 과연 "자신의"라고 말할 수 있는 것이 있는가?) 내려놓을 수 있는 사람이어야 함을 말한다.

이러한 맥락에서 그가 제시하는 것이 바로 그 유명한 고린도전서 13장의 "사랑의 노래"이다. 모든 것 위에 가장 최고의 덕목인 이 사랑이 가지는 특성에 대해서 바울은 다양하게 말한다. 사랑은 인내하고 친절하며, 시기하지 않고, 뽐내거나 자랑하지 않으며, 무례한 행동을 하지 않고, 자신의 이득과 권리만을 내세우지 않는다^{고전 13:4-5}. 사랑이라는 것이 가지는 이러한 특성들을 한마디로 말하면 자기 포기와 이타적 태도이다. 자신의 권리 주장보다, 자신의 기득권 주장보다 타인을 배려하고 그들의 입장을 살피고 그들의 권리를 인정하고 앞세워주는 것이 바로 사랑이다. 이것이 바로 바울이 서로 잘났다고 싸우면서 파벌로 갈라진 고린도 교회에게 내려주는 처방이었다.

성서는 더불어 살아가는 우리 사회에도 이러한 메시지를 들려준다. 특히 다문화 사회로 접어든 한국인들의 마음 그 밑바닥에 점점 용암 덩어리처럼 부글부글 끓어오르고 있는 이방인에 대한 막연한 분노와 원망과 미움은 결국 "저것들 때문에 내가 손해를 본다."는 생각 때문이다. 실제로 외국에서 이주해온 사람들로 인해 토박이 한국인들이 직장을 잃고 땅을 빼앗기고 피해를 당하고 억울한 일을 당하는가? 이런 주장은 너무나 막연한 것 아닌가? 과연 그런가?

마치 나치 독일이, 침체된 경제 상황 속에 처한 스킨헤드^{skinhead} 러시아가 그 막연히 억한 감정의 분풀이를 위한 표출구로서 유대인이나 외국인을 해우소^{解憂所}로 삼은 것처럼, 지금의 한국인들 사이에 속으로 끙끙 앓고 있는 이 분노도 그러한 것이 아니던가?

왜 하필 이주민들이 그 분풀이의 대상이 되어야만 하는가? 이것은 순종은 우^{優}하고 잡종은 열^{劣}하다는 사고방식, 따라서 잡종은 순종을 감히 건드려서는 안 된다는 오만함과 더불어, 만일 그러하다면 순종의 권위와 권익과 기득권을 수호하기 위해 잡종들에게 본때를 보여주어야 한다는, 그래서 다시는 함부로 우리의 것을 탐하지 못하도록 군기를 바로 잡아야 한다는 텃새들의 교만에서 비롯된 것이 아닌가? 이에 대해서 바울은 한마디 던진다. "네가 뭐가 그리 잘났다고!" 그리고 잘난 – 이것은 열등의식과 이에서 비롯한 피해의식의 콤플렉스적인 표출 방식이기도 하다 – 이들을 타이른다. "그것은 원래 네 것이 아니었다. 내려놓아라. 그리고 사랑하는 법을 배워라."

빌립보 교회

행복한 학창 시절을 보내셨나요?

  OECD가 실시하는 국제 학생 학업 성취도 평가^{PISA}를 보면 흥미로운 두 나라가 있다. 이 두 나라들은 평가에 있어서 각각 거의 부동의 세계 1위와 2위를 차지하는 나라들인데, 두 나라의 교육 방식이 너무나도 대조적이다. 한 나라는 학생 교육에 있어서 협동을 강조하고 다른 한 나라는 경쟁을 강조한다. 이 두 나라는 이러한 현상을 반영이라도 하는 듯 성적표에도 큰 대조를 보이는데, 한 나라는 학생들의 성적표에 등수가 나오지 않고 다른 한 나라 성적표에는 당연히 등수가 중시된다. 그 한 나라의 학생들은 학업에 있어서 행복을 느끼고, 다른 한 나라의 학생들은 학업 때문에 스스로 목숨을 끊는다. 그 한 나라가 세계 교육 평가에 있어서 1위를 차지한 핀란드이고 2위를 차지한 다른 한 나라가 바로 한국이다.

핀란드와 한국은 이렇다 할 자연자원이 없는 나라들이다. 따라서 두 나라는 각각 인재에 목숨을 건 나라들이다. 그런데 핀란드는 "가진 것이 하나도 없어서 단 한 명의 사람도 버릴 수 없는 나라"라고 생각한다. 그러나 한국은 가진 것이 없기 때문에 많은 사람들 가운데서 쓸 만한 훌륭한 인재를 고르고 또 골라낸다. 그리고 그 훌륭한 인재를 고르기 위해서 많은 들러리들이 도태된다. 핀란드는 모든 학생들에게서 재능을 발견하려고 하지만, 한국은 모든 학생들 중에서 재능 있는 학생을 발견하려고 한다. 전자와 후자는 가치관에 있어서 참으로 대조적인데, 전자는 모든 학생을 인간으로 바라보지만 후자는 모든 학생을 공동체의 발전을 위한 도구로 바라본다. 그래서 쓸모없는 부품은 버려져도 상관없다.

경쟁이냐 협동이냐의 문제를 놓고 한국 교육 사회는 갈등하고 있다. 경쟁을 하니 2위이고 협동을 하니 1위라고 하는 숫자 매김은 별다른 의미가 없다. 1등이나 2등이나 거기서 거기니까 말이다. 게다가 2010년 12월에 발표된 2009 PISA 결과에서는 처음 평가에 참가한 상하이가 붙박이 1, 2위 핀란드와 한국을 제치고 1등을 했다.[57] 상하이는 핀란드와는 정반대로 우열반을 운영하면서 경쟁을 부추기고 부족한 학생은 도태시킨다. 그래서 보수적 인사들은 상하이를 제시하면서 경쟁에 불을 질러야 살

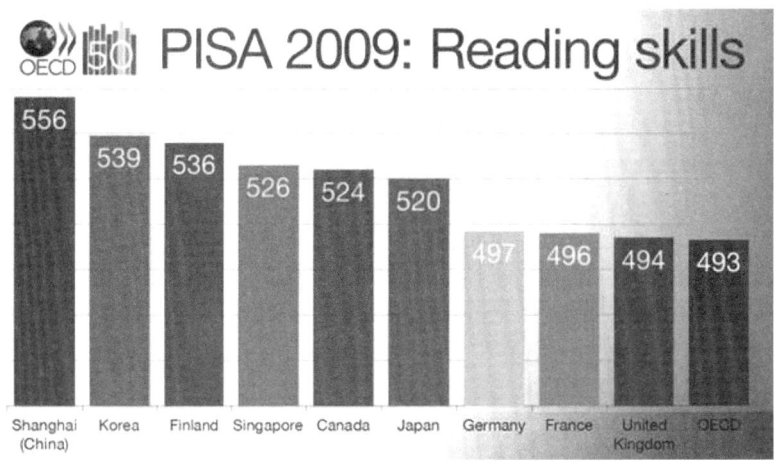

2009년 PISA 결과 (독서능력부문)

아남을 수 있다고 핀란드 방식으로 옮겨가려고 노력중인 한국 교육계에 딴죽을 건다.

그러나 1위, 2위가 되었든, 상하이가 갑자기 등극했다든지 하는 것은 중요하지 않다. 정작 중요한 것은 학생들이 학업과 삶에 대해서 어떻게 생각하는가라는 문제이다. 핀란드는 한국에 비해서 학생들의 학업 분량이 3분의 1 수준이다. 새벽부터 자정이 넘도록 학교와 학원에서 돌고 도는 한국 학생들이 그토록 시간을 퍼붓고 사교육에 돈을 쏟아 부어서 이루어 낸 것이 2위이다. 상하이가 1위를 했다고 하지만 그곳 사정도 한국 저리 가라할 정도이다. 그러나 핀란드는 그렇지 않고서 1위이다. 그렇다면 상하이가 1위를 했다거나 한국이 2위를 했다거나 하는 숫자 놀음은 이야기가 달라진다. 이들의 학생들이 생각하는 공부란 무엇일까? 이들의 학생들은 공부에서 행복을 느끼고 자신의 삶에 대해 만족하고 있는가? 여기에 대해서 핀란드는 이들과 대조를 보인다. 불행한 1위, 살아남기 위해 목숨 걸고 피나게 싸워서 얻어낸 1위와 행복한 1위, 삶에 만족을 누리고 자신이 존중받고 있다는 것을 느끼며 사는 1위, 2위라면 무엇을 선택할 것인가? 아니, 차라리 꼴찌라고 한들 그런 삶의 만족을 느낀다면 무엇을 선택할 것인가?

협동과 경쟁

2011년 1월 중순, 한국의 영재들이 모인다는 카이스트에서 한 학생이 스스로 목숨을 끊었다. 이 학생은 "로봇영재"라고 불리던 학생이었다. 어렸을 때부터 이 학생은 로봇에 몰입하여 한국은 물론이고 세계 로봇 대회에서도 입상을 하던 재능 있는 학생이었다. 이 "꿈나무"로 하여금 스스로 목숨을 버리도록 한 주요 원인은 2007년 카이스트 서남표 총장의 "경쟁력 강화"를 위한 새로운 제도였다. 이 제도는 학점이 3.0이하로 내려갈 경우, 0.01점 당 6만원씩 벌금적인 등록금을 납부하게 하는 것이었다. 학점이 2.0일 경우 추가적으로 600만원의 등록금을 더 내야만 하는 것이다. 로봇영재 학생은 영어로 진행되는 기초 과학 수업에서 부진한 성적을 보였고, 로봇에 몰입하기 위해서 공업고등학교로 진학해서 공부했던 그가 영어로 진행하는 방식의 수업에 있어서 소위 말하는 특목고 출신의 학생들을 따라잡을 수 없었고, 당연히 그들과의 경쟁에서 뒤처질 수밖에 없던 것이다. 경쟁에서 뒤처진 이 꿈나무 로봇영재는 결국 죽음의 도끼로 자신의 밑둥치를 찍어버렸고, 앞길이 창창한 아들을 가슴에 묻은 그의 아버지는 한국 전체에 팽배한 경쟁주의를 한탄해야 했으며,58) 한국은 로봇 분야의 소중한 인재를 잃었다.

협동이 항상 바람직하고 경쟁이 항상 나쁘다고 하는 것은 아니다. 업체들 간의 경쟁으로 소비자들이 좀 더 싼 값에 물건을 사기도 하고, 업체들 간의 협력은 때때로 담합이라는 형태로 발전하여 소비자들에게 피해를 주기도 하고 결국 그런 행위는 처벌의 대상도 되기까지 하니 말이다. 그러나 선한 목적을 위한 협동은 선한 목적을 위한 경쟁보다 더 바람직하다. 왜냐하면 비록 선한 목적이라고 하더라도 경쟁을 하는 순간 나와 함께 달리는 동료는 나의 비교대상이 되며 궁극적으로 경쟁은 경쟁자들로 하여금 서로를 적으로 만들게 하기 때문이다. 하지만 선한 목적을 위한 협동은 사람들을 도와주고 도움을 받는 상호 의존적 관계로 만들며, 서로를 동지로 만들게 한다. 효율성에 있어서는 상하이의 경우에서 보듯이 경쟁이 때로는 협력보다 앞설 수 있다. 한국과 핀란드의 경우에서 보듯이 서로 앞서거니 뒤서거니 별 차이를 만들지 않을 수도 있다. 그러나 얼마나 성취했느냐가 아니라 얼마나 만족하고 행복을 느끼고 있는가에 대한 물음에 있어서는 경쟁과 협동이 차이를 보인다.

경쟁을 지향할 것인가 협동을 지향할 것인가의 문제는 팽팽한

의견이 대립하는 사안이다. 그러나 더불어 살아가는 사회에서는 경쟁보다는 협동이라는 가치가 더욱 소중하다. 왜냐하면 경쟁은 더불어 살아가는 것보다는 나 홀로 뛰어나게 살아남는 것을 추구하기 때문이다. 따라서 함께 살아간다는 것에 있어서 경쟁이라는 단어는 사실 그다지 어울리는 말이 아니다. 경쟁과 협동에 대한 문제는 바울이 빌립보 교회에 보냈던 편지에서도 찾아볼 수 있다. 그는 이 편지에서 하나님 나라를 일구어 가는 데에는 경쟁보다는 협동의 가치가 존중되어야 함을 밝힌다.

"먼 길"

우리가 잘 알다시피 빌립보서에 나타난 빌립보 교회의 모습은 너무나 아름답기 그지없다. 바울이 실라와 함께 전도 여행을 하다가 자주색 옷감 사업을 하는 루디아라는 여성과 인연을 맺고, 귀신에 사로잡혀 앵벌이 노릇을 하던 여자 아이를 고쳐주었다가 된통 혼이 났던, 하지만 그 일로 인해 그 지역에서 복음을 영접하는 사람들이 생겨나는, 참으로 흥미롭고도 로맨틱한 사건을 배경으

빌립보의 루디아 기념교회

로 태어난 교회가 바로 빌립보 교회였다$^{행16:11-40}$. 빌립보서에 가장 많이 등장하는 단어 가운데 하나가 바로 "기쁨"이라는 것이고, 이 편지의 전체적인 분위기 역시 기쁨과 사랑으로 가득 차 있다. 특히 빌립보서 2장에 기록된 에바브로디도에 대한 일화$^{빌2:19-30}$는 아기가 잠든 것을 보고 가려고 기다리고 있는 아빠와, 아빠가 가시는 걸 보고 자려고 안 자고 기다리는 윤석중 선생의 고운 노래 "먼 길"에 나오는 아빠와 아기의 모습처럼 서럽도록 아름답기만 하다.

그런데 이 아름답고 사랑이 넘치는 교회에도 문제가 있었다. 거짓 교사들이 들어와서 어지럽히는 것$^{빌3:1-11}$은 문제도 아니다. 이 공동체를 향해 공격을 퍼붓는 외부의 적들은 도리어 이 공동체를 똘똘 뭉치도록 도와주는 좋은 훈련 교관 노릇을 할 수 있기 때문이다. 정작 이 예쁜 공동체를 풍비박산 낼 수 있는 문제는 바로 공동체 내부의 갈등이었다. 이 교회의 대표적인 지도자는 유오디아라는 사람과 순두게라는 사람으로 보인다. 이들은 바울이 언급하듯이 바울을 도와서 복음을 전하려고 애를 썼던 훌륭한 사람들이었다. 바울은 그들을 가리켜서 칭송하기를 "이 사람들의 이름이 생명책에 기록되어 있다."$^{빌4:3}$고 한다. 이 정도로 이 여인들은 바울의 마음에 쏙 늘었던 사람늘이었다. 그러나 문제는 이 둘 사이의 관계였다. 이 두 여인은 공동체 안에서 각각 복음의 일을 위해 섬기는 일에는 그 누구 못지않았던 훌륭한 사람들이었으나 서로에 대해서는 함께 할 수 없었던 묘한 관계에 놓였던 것 같다. 이들은 서로의 지도력에 상대방이 순복할 것을 요구했고 이로 인해 교회 안에서는 삐걱거리는 잡음이 들렸던 것이다.

이것은 그저 아무런 생각 없이 보면 별로 신경 쓰지 않아도 될 일이다. 어쨌든 각자는 알아서 잘 하고 있지 않은가! 그러나 바울은 그렇게 생각하지 않았다. 도리어 그는 이것이 빌립보 교회 공동체를 무너뜨릴 수 있는 매우 위험한 중대 사안으로 본 것 같다. 따라서 그는 이 문제를 반드시 짚고 넘어가야 했으며, 빌립보 교회에 보내는 편지 머리글부터 이 문제를 건드리고 있다. 바울은 어떤 문제를 직면하면 항상 사람들에게 자신이 어떠한 본을 보이고 있는지를 말하면서 그들로 하여금 자기처럼 될 것을 요구하는 방식으로 그 문제를 해결하려 하였다.[59] 빌립보서에서도 바울은 그렇게 한다.

그는 편지 서두에서 자기 자신을 가리켜 "종"이라고 말한다[빌 1:1]. 그는 자신이 아무 것도 아닌 존재임을 말한다. 자기의 주장을 내세울 수도 없고, 자기 목소리를 높일 수도 없이 그저 주인의 명령에 따르는 순종하고 복종하며 섬기는 종의 모습에 자기 자신을 비춘다. 그는 다른 사람들이 지금 복음을 전하는 모습에 대해서도 기술한다. "복음을 전할 때에 어떤 사람들은 시기하거나 다투는 마음으로, 어떤 이들은 좋은 뜻으로 한다."고 말한다빌1:15. 물론 나쁜 뜻으로 하는 사람들은 때로는 바울을 괴롭히려고 그렇게 한다빌1:17. 그런데 바울은 이러한 모습을 보면서 자기 자신이 종의 신분이라는 것을 상기한다. 종은 아무 것도 아니다. 무시를 당하거나 이용을 당해도 자기의 목소리를 높이지 않는다.

> 그렇지만 어떻습니까? 참으로 하든지 거짓으로 하든지, 무슨 방법으로 하든지 그리스도가 전파되고 있으니, 나는 그 일로 기뻐합니다(빌 1:18).

이 표현은 경쟁을 포기하는 선언이다. "네가 이기나 내가 이기나 한번 해보자."고 씩씩대며 싸움을 거는 사람에게 "네가 이겼어."라고 말해버리는 것이다. 이러한 선언은 상대방을 이기기 위해서 씩씩대고 있는 사람을 참으로 맥 빠지게 만드는 말이다. 경쟁이라는 것 자체를 불가능하도록 하기 때문이다. 바울이 경쟁을 포기하는 이유, 스스로를 배알도 없고 자존심도 없는 사람으로 만들어버린 이유는 무엇인가? 그것은 바로 그리스도가 전파되기 때문이다. 자신은 그리스도의 종이고, 따라서 그리스도를 위해서라면 자신은 모든 것을 다 내어주어도 된다고 생각하기 때문이다. 그는 모든 것을 양보하고 기꺼이 손해를 보려고 한다. 왜냐하면 그는 종이기 때문이다.

바울이 자신을 이렇게 내세우는 것은 바로 빌립보 교회 안에서 벌어지고 있는 지도력 권한 다툼 때문이다. 서로 자신을 내세우면서 "나만 따르라!"를 외치는 빌립보 교회의 두 지도자들.

그들은 자기가 아니면 되는 일이 없을 것이라 생각하는 것 같다. 내가 아니면 세상이 안 돌아갈 것 같다고 생각했나 보다. 그러나 바울은 자기 자신의 태도를 그들에게 보여주면서 은근히 그들에게 무언의 압력을 넣는 것이다. "세상은 네가 아니라고 해도 잘 돌아간다. 그러니 그만 내려놓아라."

더불어 사는 세상 가운데 있는 우리들도 혹시 유오디아와 순두게처럼 생각하고 있는 것은 아닌지 되돌아본다. "왜 저렇게 하지? 참으로 답답하군. 내가 하면 저보다는 훨씬 잘 할 텐데!" "내가 아니면 우리 사회는 위험에 처할 수 있어!" "저 이방인들이 우리나라를 휘어잡는 순간 우리는 더 이상 우리들의 나라가 아니라 저들의 나라가 될 것이야!" 우리도 빌립보 교회의 이 두 여인들처럼 내가 휘어잡고 해야만 잘 될 것이라고 생각하는 것은 아닐까? 저들과 경쟁에서 내가 반드시 저들을 누르고 권력을 쟁취해야만 한다고 생각하는 것은 아닌가? 그리고 만일 내가 경쟁에서 져서 저 이방인들이 힘을 갖게 되면 우리 공동체는 망할 지도 모른다고 생각하는 것은 아닐까? 우리가 두려워하는 것, 그것은 저 "이방인"들이 우리를 몰아내고 자기들이 대장 노릇을 하는 것에 대한 것이 아닌가? 이러한 사고방식의 저변에는 우리와 너희를 이질적인 존재로 보는 배타의식이 있다. 너희와 우리는 본질적으로 다르고, 너희들과 우리들은 한 편, 한 동포, 한 공동체 구성원이 될 수 없다는 생각이 자리 잡고 있지 않은가? 그렇다면 저들과 나는 협력대신 경쟁을 해야 하고, 저들은 나의 동료가 아니라 경쟁을 벌이는 적군이 아닌가?

그러나 바울은 이렇게 말한다. "내가 유오디아에게 부탁하고 순두게에게도 부탁한다. 주님 안에서 같은 마음을 품으라."(4:2) 바울이 "부탁한다"는 말을 어느 한쪽 사람에게 쓰지 않고 두 사람에게 모두 사용하는 것은 어느 한쪽의 양보나 희생이 아닌 서로 희생하고 서로 용납하는 상호적인 것을 뜻한다.60) 공동체 안에서 주도권 싸움을 벌이는 것은 그 공동체를 파괴시키는 부정적인 요소이다. 이것은 어느 한 편이 이기는 싸움이 아니라 궁극적으로 둘 다 죽는 공멸적이고도 소모적인 다툼이다. 다문화 사회를 차치하고라도, 한 공동체가 제대로 서기 위해서는 파괴적 경쟁보다는 건설적 협력이 필요하다. 그리고 건설적 협력의 기본 정신은 너와 내가 같은 배를 탄 운명 공동체라는 동질의식과 상호 용납과 상호 인정의 태도이다.

나가는 글

Vanitas, vanitatum! 내가 만든 최고의 모래성

바벨탑과 오순절

나가는 글

Vanitas, vanitatum! 내가 만든 최고의 모래성

　네덜란드 출신의 화가 브뤼겔$^{\text{Pieter Bruegel the Elder}}$이 남긴 그림 가운데 바벨탑$^{\text{The Tower of Babel, 1563, Kunsthistorisches Museum, Vienna}}$이 있다. 이 그림은 창세기 11장에 기록된 바벨탑에 대한 일화를 담고 있다. 그러나 브뤼겔의 그림은 단순히 성서에 나오는 한 사건 이야기를 그림으로 옮긴 것이 아니라 그가 이 사건을 떠올리면서 나름대로 그것을 해석한 창작물이다. 이 그림 한 가운데는 한창 건축 중인 바벨탑이 있다. 바벨탑이 세워지는 곳은 고대의 유적지가 아닌 브뤼겔이 살고 있는 중세의 번잡한 도시이다. 빽빽하게 들어선 중세 도시의 건축물들과 그 도시 외곽을 감싸고 있는 풍경, 그리고 오른쪽으로는 부지런히 건축자재를 실어 나르는 무역선들이 있다. 그림 왼쪽 아래는 천하를 주름잡던 용사 니므롯이 일행을 이끌고 건축 시찰을 나왔고, 몇 명의 석공들이 그 앞에 엎드려 절을 하고 있다.

　이 그림을 세부적으로 들여다보면 바벨탑 사건에 대한 브뤼겔의 해석을 좀 더 깊이 관찰할 수 있다. 그림 한 가운데를 차지한 바벨탑은 거대한 건축물이다. 마치 로마의 콜로세움 모양을 한 이 탑을 세우기 위해 거대한 기중기들이 부지런히 돌을 들어 올리고 사람들도 쉴 새 없이 탑을 세우기에 여념이 없다. 이 바벨탑은 아직 미완성이다. 그러나 이미 탑의 꼭대기 하단부는 하늘의 영역인 구름을 뚫고 올라왔다. 왼쪽 아래에 펼쳐진 중세 도시의 건축물들은 바벨탑에 비하면 눈곱처럼 작고 보잘 것 없다. 탑의 외부를 포장한 외벽은 말끔하고 아주 그럴듯해 보인다.

피터 브뤼겔, 〈바벨탑〉, 1563, 미술사 박물관, 비엔나

그러나 이 바벨탑의 속내를 들여다보면 이것이 얼마나 허황된 것인지 잘 알 수 있다. 구름을 뚫고 올라갈 정도로 웅장한 이 탑. 거대한 기중기와 건축을 위한 기구들은 마치 이것이 인류가 만들어 낸 대단한 창조물처럼 보이게 하지만, 이 탑은 이 중세 도시의 바닷가에 우뚝 서 있는 산을 기대어 지어진 것이다. 인간의 손 냄새가 물씬 풍기는 이 바벨탑 한 가운데 투박하지만 강

하게 버티고 있는 이 도시의 산은 아무리 인간이 위대한 업적을 이룩한다고 대단한 척 하지만 결국 스스로의 힘만으로는 할 수 없다는 것을 보여준다.

그림 왼쪽 하단부에 있는 그 대단한 니므롯. 그러나 그의 명성에 비해 그를 수행하는 병사와 신하는 열 명도 채 안 된다. 그의 앞에 무릎을 꿇은 사람들은 엄청난 군대를 이끈 장군도 아니고 화려한 옷을 입은 왕이나 귀족도 아닌, 고작 네 명 밖에 되지 않는 허름한 석공들이다. 그나마 그의 오른편에 있는 석공들은 마치 그가 어떤 사람인지도 모르는 듯 그를 무시한 채 자신의 일만 하고 있다. 나선형으로 감아 올라가는 바벨탑은 피사의 사탑처럼 왼쪽으로 약간 기울어져 있다. 오직 저 멀리 펼쳐진 대자연의 지평선이 이 탑이 기울어져 있음을 우리들에게 상기시켜주고 있다. 아직 끝나지 않은 공사, 그 공사는 아직 9층 밖에 이르지 못했다. 그러나 벌써부터 쓰러질 조짐을 보이는 불안한 공사이다. 마치 이제 곧 하나님께서 그들의 언어를 흩어놓으시기 일보 직전인 듯, 이 그림에 담긴 바벨탑은 조마조마하다.

영국의 일러스트이자 동화작가인 앤서니 브라운$^{Anthony\ Browne}$이 브뤼겔의 이 바벨탑 그림을 패러디하여 원숭이 윌리^{Willy}의 바닷가 모래성 놀이를 하는 것으로 다시 그린 "내가 만든 최고의 모래성"61)은 어쩌면 브뤼겔의 그림에 남긴 그의 해석을 섬설하게 표현한 작품일 것이다. 바람이 불거나 파도가 한번 휩쓸고 지나가면 그 자리에서 흔적도 없이 사라지고 마는 모래성처럼 바벨

나가는 말　199

탑은 인류가 만든 최고의 걸작이지만, 결국 그것은 신의 콧바람 하나에 사라지는 모래성인 것이다.

인류는 무엇을 내세우며 자랑하는가? 그 교만의 끝은 어디란 말인가? 인간의 오만함의 끝이 도대체 어디에까지 이를지는 아무도 모르지만, 성경의 바벨탑 사건은

앤서니 브라운, 〈내가 만든 최고의 모래성〉, 2000

그것의 종국이 어떤 모습인지는 잘 보여준다. 그리고 그것이 얼마나 허망한 것$^{Vanitas!}$인지 잘 보여준다. 바벨탑의 종국은 언어의 소통부재였다. 인류는 그 오만함의 표현으로 바벨탑을 쌓았지만 결국 돌아온 것은 서로 말이 통하지 않음으로 인해 사방으로 뿔뿔이 흩어지는, 그래서 오늘날 영어를 못해서 한이 맺힌 수많은 한국 사람들이 두고두고 원망하는 그 어처구니없는 결과를 맞이한 것이다. 이 바벨탑 사건으로 인해 인류는 전 세계로 흩어져서 제각기 다른 삶을 살게 되었고, 보다 확대해서 말하자면 오늘날 다문화 사회를 두고 벌어지는 갈등과 문제도 결국 그 원인이 이 바벨탑 사건이 아니던가!

바벨탑과 오순절

구약성서 바벨탑 사건에 나오는 인간의 오만으로 인해 흩어지고 갈라진 인류가 있다면 신약성서의 오순절 신비 사건^{행 2:1-13}은 이 구약의 사건과는 정 반대의 모습을 말해주는 사건이다. 예수께서 부활과 승천을 하고 난 다음, 그를 따랐던 사람들이 한 곳에 모였다. 그들은 각 나라와 지역에서 온 사람들로서, 서로 다른 언어를 구사하는 사람들이었다^{행2:11}. 그런데 그들이 열심히 기도하고 있던 가운데 하늘로부터 신비한 현상이 벌어졌는데, 바로 성령이 찾아온 것이었다. 그 순간 그들은 방언을 말하게 되었는데, 이 방언은 바울이 말하는 방언^{고전14:5-25}이나 오늘날 현대 기독교인들이 하듯이 무슨 말인지 알아들을 수 없는 이상한 소리의 방언이 아니라, 서로 의사소통이 가능한 일종의 외국어를 하는 것이었다. 영어를 배우는 데 능력의 한계를 절감하는 사람들의 로망처럼 말이다.

사도행전에서 누가가 전하는 이 신비한 체험 이야기가 사실이었는지 아니었는지, 왜 이로부터 얼마 지나지 않아 이러한 신비한 언어 소통의 방언은 사라지고 알아듣지 못하는 방언으로만 남게 되었는지 모를 일이지만, 이 오순절 방언의 사건은 아주 중요한 의미를 지니는 사건이다. 오순절 방언 사건은 구약의 바벨탑 사건에 대응하는 사건이었다. 구약의 바벨탑이 인간의 오만으로 인해 언어가 갈라지고 민족이 뿔뿔이 흩어지게 만든 것이었다면, 신약의 오순절 방언은 그 흩어진 언어를 하나로 합치고 갈라진 민족이 서로 의사소통을 함으로써 언어장벽이라는 큰 걸림돌 없이 다시금 하나로 합쳐질 수 있게 만든 사건이었다. 바벨탑 사건이 질병의 고통이었다면 오순절 방언 사건은 그 아픔의 치유라고 빗댈 수 있다.

언어와 민족이 갈라지게 된 바벨탑 사건의 원인이 있었듯이, 이것들을 다시 합하는 오순절 사건에도 그것을 가능하게 하기 위해 치러야 했던 대가가 있었다. 오순절 방언 사건이라는 이 치유와

안토니 반 다이크, 〈성령강림〉, 1618-20, 상수시 궁, 포츠담

회복, 재창조의 이적이 있기 위해서 예수께서 이 땅에 오셔야 했으며, 하나님 나라를 세우기 위한 그의 피나는 노력과 눈물이 있어야 했으며, 십자가 위에서 말라죽어가는 그 고통과 죽음이 있어야 했고, 그 아픔을 이기고 다시 살아난 부활의 놀라운 사건이 있어야 했으며, 모든 이들로 하여금 하나 되게 만드는 성령의 강

림 사건이 필요했다. 그동안 인류는 반목과 질시, 분열과 분리로 서로 단절된 채 살아왔었다. 그러나 이 오순절 사건은 그 갈라진 상처를 다시금 하나로 봉합하는 아주 중요한 상징적 사건이었다.

오순절 사건은 서로 남남이 되어 반목하고 배타적 태도를 취하면서 내 것, 고작 넓혀봤자 우리 것 밖에 되지 않는, 그래서 결국 내편/우리 편과 너/너희 편을 갈라놓는 바벨탑적인 인간의 본성을 치유하기 위한 하나님의 행동이었다. 오순절 사건은 우리에게 하나가 될 수 있다는 가능성, 이제는 나와 너의 대립이 아니라 "나"와 "너"를 해체하고 "우리"라는 것으로 새롭게 창조하는 새로운 세상에 대한 꿈의 가능성과 그 당위성, 그리고 그것에 대한 우리의 책임을 말해주는 것이었다. 다문화 사회로 접어든 한국 사회, 더불어 살아가는 한국 사회에서 필요한 것, 그것은 지금까지 이기적인 태도를 가지고 오직 나만을 주장하던 오만과 독선이라는 바벨탑을 허물고 성령이라는 새 술에 취하여 오순절 방언 사건의 새 세상을 맞이하는 것이다. 바울이 갈라디아 교인들에게 남긴 이 말은 오순절 사건을 체험한 우리 기독교인들이 다문화 사회에서 어떠한 태도를 선택해야 할 것인지 생각하게 해주는 말씀이다.

> 여러분은 모두 그리스도 예수 안에서, 믿음으로 하나님의 자녀가 되었습니다. 누구든지 그리스도와 연합하여 세례를 받은 사람은, 그리스도로 옷을 입은 사람입니다. 유대 사람이나 그리스 사람이나, 종이나 자유인이나, 남자나 여자나 차별이 없습니다. 그것은 여러분이 그리스도 예수 안에서 다 하나이기 때문입니다 (갈 3:26-28).

■ 참고문헌 및 자료

1) Cf. 오현선, "이주민과 다문화주의의 정의로운 공존을 위한 하나의 대안", 한국여성 신학회 편, 『다문화와 여성신학』 (서울: 대한기독교서회, 2008), . 259-88쪽.
2) 대학시절 영어를 전공하여 외국인 교수와 많은 접촉을 통해 깨달은 것 가운데 하나는 한국인/외국인을 구별할 때 Korean/Foreigner라는 방식의 표기가 자칫 전통적으로 외부인에 대한 배타적 태도를 가져왔던 한국의 사회적 맥락 속에서는 차별적으로 비쳐질 수 있으며(foreigner라는 단어는 가치중립적이지만 이와 같이 비교의 대상이 될 때는 가치절하적 뉘앙스를 풍길 수 있다), 따라서 Korean/Non-Korean이라는 표현을 쓰는 것이 더 적절하다는 것이었다.
3) 공직선거법 15조 2항(www.mopas.go.kr)
4) 지방공무원법 25조 2항(www.mopas.go.kr)
5) "'우리는 하나' 다문화적 단계별 맞춤지원추진"(아시아경제 2009년 2월 20일자), "외국인도 전주시 공무원 될 수 있다"(연합뉴스 2009년 6월 4일자).
6) Cf. 이충범, "변종들의 탄생 - 교회사에 나타난 다문화속 여성들의 전략과 그 모델", 한국 여성 신학회 편, 『다문화와 여성신학』 (서울: 대한기독교서회, 2008), 79-102쪽 (81쪽).
7) 출입국.외국인정책본부 <국적별 결혼이민자[국민의 배우자] 체류 현황, 2009년 9월말 기준>
8) 통계청, <인구동태 [혼인]>, 2007>
9) Danker, Frederick W., A Greek-English Lexicon of the New Testament and Other Early Christian Literature (BDAG; 3rd ed.; Chicago: the University of Chicago Press, 2000), 168-69쪽.
10) BDAG, 1049쪽.
11) 예레미아스, 『예수시대의 예루살렘』 (서울: 한국신학연구소, 1993), 391-92쪽.
12) Ibid.
13) 윤철원, 『신약성서의 그레꼬-로마적 읽기』 (서울: 한들출판사, 2000), 106-114쪽.
14) 로버트 귤리히, 김철 역, 『마가복음 1-8:26; WBC 34상』 (서울: 솔로몬, 2001), 201-202쪽.
15) 도마행전 21-24
16) Rabin, Nathan (January 26, 2006). "Interview: Stephen Colbert". A.V. Club. http://www.avclub.com/content/node/44705. Retrieved June 4, 2006.
17) Arland J. Hultgren, The Parable of Jesus: A Commentary (Grand Rapids: Eerdmans, 2000), 97쪽.
18) 하워드 마샬, 『루가복음 II: 국제성서주석 31-2』 (서울: 한국신학연구소, 1984), 86쪽.

19) Hultgren, The Parable of Jesus, 99쪽.
20) 예레미아스는 이 율법학자가 "사마리아 사람"이라는 답을 다른 말로 돌려서 한 이유는 그 단어를 입에 담는 것이 매우 불경스러운 것이었기 때문이라고 설명한다(『예수시대의 예루살렘』, 444쪽). 그러나 예수나 유대 지도자들도 그러한 단어를 자연스럽게 말하는 것을 볼 때 예레미아스의 설명은 그다지 설득력이 없어 보인다(마 10:5; 요 8:48).
21) 사마리아를 가리킴.
22) 로완 제이콥슨, 『꿀벌 없는 세상, 결실 없는 가을』 (서울: 에코리브르, 2009), 27쪽.
23) 로완 제이콥슨, 『꿀벌 없는 세상』, 230쪽.
24) 비슬리-머리, 이덕신 역, 『WBC; 요한복음』 (서울: 솔로몬, 2001), 158쪽.
25) R.E. Brown, The Gospel According to John I-XII (AB 29; NY: Doubleday, 1983), LXXII-LXIV. 이에 대한 다양한 의견에 대한 간략한 소개는 비슬리-머리, 『요한복음』, 74-76쪽을 보라.
26) Cf. 데이빗 로즈 외, 양재훈 역, 『이야기 마가』 (서울: 이레서원, 2003), 188-89쪽.
27) 드다와 유다의 일화는 요세푸스도 증언하고 있다(Ant. 20.5.1; Ant. 20.5.2; Cf. J.W. 2.8.1). 요세푸스의 증언에 따르면 드다는 자신이 예언자라고 하면서 사람들을 이끌고 요단강으로 나아갔는데, 요단강은 광야와 접해 있는 곳이다.
28) "목동들과 중개업자, 세리들이 회개하는 것은 거의 불가능하다. 왜냐하면 그들은 자기들이 늑탈한 물건을 누구에게 돌려줘야 할 지 알 수 없기 때문이다."(Babylon Talmud Baba Kama),
29) 예레미아스, 『예수시대의 예루살렘』, 391-92쪽.
30) Ibid, 51, 391쪽.
31) 귤리히, 『마가복음 1-8:26』, 291쪽.
32) R.T. France, The Gospel of Matthew (NICNT; Grand Rapids: Eerdmans, 2007), 378쪽.
33) W. Klassen, Judas Betrayer or Friend of Jesus? (Minneapolis: Fortress Press, 1996), 32-34쪽.
34) http://www.viewsnnews.com/article/view.jsp?seq=51618
35) 최종원과 프레시안 인터뷰, 2010년 7월 24일, http://www.pressian.com/article/article.asp?article_num=20100723183631&section=01
36) http://news.kbs.co.kr/tvnews/ssam/2010/11/2194724.html
37) http://media.daum.net/entertain/topic/view.html?cateid=100029&newsid=20090727082908356&p=starnews
38) 마이클 샌델, 『정의란 무엇인가?』 (서울: 김영사, 2010), 198쪽.

39) http://action4lee.org/
40) 제인 구달, 『희망의 이유』 (서울: 궁리, 2000), 271쪽 이하.
41) 예수 당시에 고아와 과부는 사회적 약자로 인식되었다(딤전 5:17; 약 1:27). 예수께서도 부자와 대조가 되는 가난한 자의 이미지로 과부를 제시하였고(막 12:40-44 par.), 권력에 있어서도 소외된 약자의 이미지로도 말씀하였다(눅 18:1-5).
42) Cf. Fitzmyer, Acts of Apostles (AB 31; NY: Doubleday, 1998), 350쪽.
43) 피츠마이어는 사도행전 10장 이후에 나타나는 이방인 기독교인의 사례를 근거로 이들이 유대인 기독교인일 것이라고 주장한다(Fitzmyer, Acts of Apostles, 350쪽). 그러나 6장 5절에서 언급하는 개종자(proselyte)의 용어 활용을 사도행전 2장의 개종자 언급에 비추어 볼 때, 또한 니골라를 기독교 개종자라고 하지 않고 유대교 개종자라고 언급한 것으로 미루어볼 때 굳이 그를 "유대인" 기독교인(Jewish Christian)으로 고집할 이유는 없다.
44) Ben Witherington III, The Acts of The Apostles (Grand Rapids: Eerdmans, 1998), 250쪽.
45) 귤리히, 『마가복음』, 580-81쪽.
46) http://www.guardian.co.uk/media/2011/jan/16/swiss-whistleblower-rudolf-elmer-banks
47) 헬라어 원어 성경에는 "오직"이라는 구절이 없다. 그런데 『개역개정』을 비롯한 대부분의 한글 성경은 여기에 이 단어를 넣고 있으며, 따라서 로마서 1장 17절이 다른 것은 안 되고 반드시 믿음만이 유일한 살 길이라는 것을 말하는 구절로 오해를 사도록 하고 있다. 개 꼬리가 개를 흔들어대듯, 마틴 루터의 믿음에 대한 종교 개혁적 교리 즉, "sola fide"가 성경번역을 도리어 좌지우지하는 꼴이 아닌가 싶다.
48) 디이트리히 본회퍼, 허혁 역, 『나를 따르라』 (서울: 대한기독교서회, 2005), 24-38쪽.
49) "Iudaeos implusore Chresto assidue tumultuanitis Roma expulit" (Fitzmyer, Acts of Apostles, 619쪽 재인용).
50) 이에 대한 보다 구체적 설명은 Witherington, Acts of Apostles, 539-44쪽을 보라.
51) 이에 대한 자세한 설명은 R. Jewett, Romans (Hermeneia Commentary: Minneapolis: Fortress Press, 2006)를 보라.
52) Jewett, "로마서와 수치의 극복" 2007년 화성시 협성대학교 WIC 대회 발표 논문. 이에 대한 큰 틀에서의 논의는 Jewett, Romans를 보라.
53) Gorden D. Fee, The First Epistle to the Corinthians (NICNT; Grand Rapids: Eerdmans, 1987), 56쪽.
54) 김영봉, 『신앙공동체를 위한 신약성서의 이해』 (서울: 성서연구사, 1995), 186쪽.
55) Clinton E. Arnold(ed.), Zondervan Illustrated Bible Background

Commentary, vol. 3 (Grand Rapids: Zondervan, 2002), 105쪽.
56) Victor P, Furnish, II Corinthians (AB 32A; NY: Doubleday, 1984), 10-14쪽.
57) http://www.pisa.oecd.org
58) 중앙일보 2011년 1월 15일 기사
　　(http://article.joinsmsn.com/news/article/article.asp?total_id=4929602&cloc=olink
　　|article|default)
59) 예를 들면, 롬 15:18-20; 고전 3:4-6; 4:1-13; 9:1-27; 고후 6:3-13;
　　11:1-12, 16-30; 12:1-10, 11-18; 빌 1:12-18; 3:4-11; 몬 1:14, 19.
60) Gerald F. Hawthrone, Philippians (WBC 43; Dallas: Word Books, 1983).
61) 앤서니 브라운, 장미란 역, 『미술관에 간 윌리』 (서울: 웅진주니어, 2000).